Backen macht Freude

Rezepte Nr. 421–500

Titelfoto: Rezept siehe Seite 20

Im Eigenverlag
oetker Gesellschaft m. b. H.,
9500 Villach
Gesamtherstellung: Salzer - Ueberreuter, Wien
ISBN 3900 3320 53

VORWORT

Liebe Leserin, lieber Leser!

Aus dem reichen Schatz jahrzehntelanger österreichischer Backerfahrung haben wir für Sie die besten Rezepte gesammelt. Der Schwerpunkt liegt diesmal bei den Mehlspeisen aus der traditionellen Mehlspeisküche vergangener Jahrhunderte.

Die süße Kunst des Backens bringt uns in die verschiedensten Bundesländer und zu den für diese Bundesländer typischen Mehlspeisrezepten.

Backen macht Freude 6 teilt sich in 7 Kapitel für Strudel, Knödel, Aufläufe, Torten, Kuchen, Wiener Kaffeehausgebäck und Spezialitäten der Bundesländer.

Dazu haben wir wieder eine Vielzahl von Rezepten erprobt und verkostet.

In einem ausführlichen Kapitel erfahren Sie alles Interessante und Wissenswerte über Backzutaten.

Sollten Sie zu einem der Rezepte Fragen oder Anregungen haben oder uns sogar eines Ihrer selbstkomponierten Rezepte verraten wollen: schreiben Sie uns. Wir freuen uns über jeden Brief, über jede Postkarte. Unsere Adresse: **oetker**, Postfach 19, 9500 Villach.

Wenn Ihnen vielleicht noch eines der ersten fünf Backbücher aus der Serie „Backen macht Freude" fehlt, können Sie es gerne bei uns anfordern.

Wir wünschen Ihnen gutes Gelingen mit Rezepten aus Backen macht Freude 6 und viel Spaß auf Ihrer kulinarischen Reise durch Österreich.

Außer diesem Backbuch sind in der Serie der **oetker** Kochbücher noch erschienen:

Backen macht Freude 1,	Rezepte Nr. 1– 93
Backen macht Freude 2,	Rezepte Nr. 94–190
Backen macht Freude 3,	Rezepte Nr. 191–265
Backen macht Freude 4,	Rezepte Nr. 266–340
Backen macht Freude 5,	Rezepte Nr. 341–420
Freude mit Desserts 1,	Rezepte Nr. 1– 83
ESSEN MACHT FREUDE 1,	Rezepte Nr. 1– 90

Jedes dieser Bücher können Sie direkt bei **oetker**, Postfach 19, 9500 Villach, bestellen.

INHALTSÜBERSICHT

STRUDEL SAFTIG UND GUT

Der Strudel kam aus dem arabischen Raum und der Türkei im Zuge der Türkenbelagerung nach Wien.

Der ausgezogene Strudel wird auf vielfältigste Art gefüllt: mit Obst, Nüssen, Grieß, Bohnen oder pikanten Fleischfüllen. Süße Strudel werden warm oder kalt als Hauptspeise oder als Nachspeise serviert.

Besonderheiten der Wiener Küche sind der Germteigstrudel, der nur kalt gegessen wird, und der feine Blätterteigstrudel.

Ausgezogener Strudelteig

(Grundrezept)

Zutaten:

Teig:

20 dag	glattes Mehl
1	Ei
1 Eßl.	Öl
etwas	Salz
1 Eßl.	Essig
ca.	
6 Eßl.	lauwarmes Wasser

Zum Bestreichen:
ca.
10 dag   zerlassene Butter (Thea)

1. Das Mehl auf eine Arbeitsfläche sieben. In die Mitte eine Vertiefung eindrücken und unter stetem Rühren mit einer Gabel Ei, Öl, Salz, Essig und so viel Wasser hinzufügen, bis ein zäher Teig entsteht.
2. Diesen Teig so lange kneten, bis er glatt ist und kleine Blasen wirft.
3. Nun ein kleines Laibchen formen, mit Öl leicht bestreichen und zugedeckt ca. 1 Stunde rasten lassen.
4. Danach den Teig auf einem mit Mehl bestaubten Tuch zuerst ein wenig ausrollen. Beide Handrücken unter den Teig schieben und den Teig mit den Handrücken nach oben sehr dünn ausziehen.
5. Den ausgezogenen Strudelteig mit zerlassener Butter (Thea) bestreichen und $\frac{2}{3}$ des Teiges mit der Füllung bedecken.
6. Danach mit Hilfe des Tuches einrollen, an den Enden zusammendrücken und mit der Teignaht nach unten in eine befettete Bratpfanne (befettetes Backblech) legen.
7. Den Teig mit Butter (Thea) bestreichen.
8. Den Rost mit der Bratpfanne auf die unterste Schiene des Rohres schieben. (Das Backblech in die Mitte des Rohres schieben.)

Apfelstrudel

Zutaten:

Teig:
Strudelteig nach Grundrezept oder
1 Pkg.   Strudelteigblätter

Füllung:

1 kg	Äpfel
	Saft von 1 Zitrone
8 dag	Haselnüsse
8 dag	Semmelbrösel
4 dag	Butter (Thea)
10 dag	Zucker
1 Pck.	**oetker** Vanillin-Zucker
1	Kaffeel. Zimt gemahlen
8 dag	gewaschene Rosinen

Zum Bestreichen:
ca.
10 dag   zerlassene Butter (Thea)

Zum Bestreuen:
5 dag   Staubzucker

Den Teig nach Grundrezept zubereiten und ausziehen.

Für die Füllung die Äpfel schälen, blättrig schneiden und mit Zitronensaft beträufeln.

Die Haselnüsse in eine Pfanne geben, unter öfterem Schütteln anrösten (ohne Fett) und dann hacken. Die Brösel in Butter (Thea) goldgelb anrösten.

Den Strudelteig mit Butter (Thea) bestreichen und auf $\frac{2}{3}$ des Teiges Brösel, Äpfel, Nüsse, Zucker, Vanillin-Zucker, Zimt und Rosinen verteilen.

Den Strudel nach Grundrezept weiterverarbeiten und backen.

Backtemperatur
Strom: vorheizen und backen bei 200 Grad
Gas: vorheizen und backen bei 3–4
Backzeit: 30–40 Min.

Grießstrudel

Zutaten:
Teig:
Strudelteig nach Grundrezept oder
1 Pkg.   Strudelteigblätter
Füllung:
10 dag   Butter (Thea)
3   Dotter
2 Pck.   **oetker** Vanillin-Zucker
5   Tropfen **oetker** Aroma
           Zitrone
½   Kaffeel. Salz
⅛ l   Sauerrahm
15 dag   Grieß
3   Eiklar

Zum Bestreichen:
ca.
5 dag   zerlassene Butter (Thea)

Den Teig nach Grundrezept auf Seite 8 zubereiten und ausziehen.

Für die Füllung Butter (Thea) schaumig rühren und nach und nach Dotter, Vanillin-Zucker, Aroma, Salz, Sauerrahm und Grieß dazugeben.

Das Eiklar zu steifem Schnee schlagen (Schnittprobe) und vorsichtig unter die Masse heben.

Den ausgezogenen Strudelteig mit zerlassener Butter (Thea) bestreichen und ca. die Hälfte des Teiges mit der Masse bedecken.

Den Strudel nach Grundrezept auf Seite 8 weiterverarbeiten und backen.

Backtemperatur
Strom: vorheizen und backen bei 200 Grad
Gas: vorheizen und backen bei 3–4
Backzeit: 30–40 Min.

Zwetschken- oder Kirschenstrudel

Zutaten:
Teig:
Strudelteig nach Grundrezept oder
1 Pkg.   Strudelteigblätter
Füllung:
10 dag   Semmelbrösel
5 dag   Butter (Thea)
80 dag   gewaschene, entkernte
           Zwetschken oder
           Kirschen
12 dag   Zucker
1 Pck.   **oetker** Vanillin-Zucker
etwas   Zimt gemahlen

Zum Bestreichen:
ca.
10 dag   zerlassene Butter (Thea)

Zum Bestreuen:
5 dag   Staubzucker

Den Teig nach Grundrezept auf Seite 8 zubereiten und ausziehen.

Für die Füllung die Brösel in Butter (Thea) goldgelb anrösten.

Den Strudelteig mit Butter (Thea) bestreichen und auf ⅔ des Teiges Brösel, halbierte Zwetschken (Kirschen), Zucker, Vanillin-Zucker und Zimt verteilen.

Den Strudel nach Grundrezept auf Seite 8 weiterverarbeiten und backen.

Backtemperatur
Strom: vorheizen und backen bei 200 Grad
Gas: vorheizen und backen bei 3–4
Backzeit: 35–40 Min.

Heidelbeerstrudel

Zutaten:
Teig:
Strudelteig nach Grundrezept oder
1 Pck. Strudelteigblätter
Füllung:
12 dag Semmelbrösel
5 dag Butter (Thea)
80 dag gewaschene
Heidelbeeren
15 dag Zucker
1 Pck. **oetker** Vanillin-Zucker
etwas Zimt gemahlen
2 Eßl. Rum

Zum Bestreichen:
ca.
10 dag zerlassene Butter (Thea)

Zum Bestreuen:
5 dag Staubzucker

Den Teig nach Grundrezept auf Seite 8 zubereiten und ausziehen.

Für die Füllung die Brösel in Butter (Thea) goldgelb anrösten.
Den Strudelteig mit Butter (Thea) bestreichen und auf ⅔ des Teiges Brösel, Heidelbeeren, Zucker, Vanillin-Zucker und Rum verteilen.
Den Strudel nach Grundrezept auf Seite 8 weiterverarbeiten und backen.

Backtemperatur
Strom: vorheizen und backen bei 200 Grad
Gas: vorheizen und backen bei 3–4
Backzeit: 40–50 Min.

Topfenstrudel

Zutaten:
Teig:
Strudelteig nach Grundrezept oder
1 Pkg. Strudelteigblätter
Füllung:
1 Dotter
10 dag Zucker
1 Pck. **oetker** Vanillin-Zucker
5 Tropfen **oetker** Aroma
Zitrone
50 dag Topfen (20%)
8 dag gewaschene Rosinen
1 Eiklar

Zum Bestreichen:
ca.
5 dag zerlassene Butter (Thea)
Vanillesauce:
1 Pkg. **oetker** Vanille Soße
4 Eßl. Zucker
1 l Milch

Den Teig nach Grundrezept auf Seite 8 zubereiten und ausziehen.

Für die Füllung Dotter, ⅔ des Zuckers, Vanillin-Zucker, Aroma und Topfen schaumig schlagen und die Rosinen dazugeben.
Das Eiklar zu steifem Schnee schlagen (Schnittprobe) und unter ständigem Schlagen den Rest des Zuckers dazugeben.
Den Schnee auf die Topfenmasse geben und vorsichtig unterheben.
Den ausgezogenen Strudelteig mit zerlassener Butter (Thea) bestreichen und ca. die Hälfte des Teiges mit der Masse bedecken.
Den Strudel nach Grundrezept auf Seite 8 weiterverarbeiten und backen.

Backtemperatur
Strom: vorheizen und backen bei 200 Grad
Gas: vorheizen und backen bei 3–4
Backzeit: 40–45 Min.

Den Strudel ca. 10 Min. zugedeckt stehen lassen und mit Vanillesauce servieren.
Diese nach der Vorschrift auf der Packung zubereiten.

Marillenstrudel

Zutaten:
Teig:
Strudelteig nach Grundrezept oder
1 Pkg.   Strudelteigblätter
Füllung:
12 dag	Semmelbrösel
8 dag	Butter (Thea)
1 kg	gewaschene, entkernte Marillen
12 dag	Zucker
1 Pck.	**oetker** Vanillin-Zucker
etwas	Zimt gemahlen
5 dag	gewaschene Rosinen
5 dag	Mandelstifte

Zum Bestreichen:
ca.
10 dag   zerlassene Butter (Thea)

Zum Bestreuen:
5 dag   Staubzucker

Den Teig nach Grundrezept auf Seite 8 zubereiten und ausziehen.

Für die Füllung die Brösel in Butter (Thea) goldgelb anrösten.

Den Strudelteig mit Butter (Thea) bestreichen und auf ⅔ des Teiges Brösel, Marillen, Zucker, Vanillin-Zucker, Zimt, Rosinen und Mandelstifte verteilen.

Den Strudel nach Grundrezept auf Seite 8 weiterverarbeiten und backen.

Backtemperatur
Strom: vorheizen und backen bei 200 Grad
Gas: vorheizen und backen bei 3–4
Backzeit: 40–50 Min.

Weintraubenstrudel

Zutaten:
Teig:
Strudelteig nach Grundrezept oder
1 Pkg.   Strudelteigblätter
Füllung:
4	Dotter
8 dag	Zucker
1 Pck.	**oetker** Vanillin-Zucker
etwas	Zimt gemahlen
	Schale von 1 Zitrone
4	Eiklar
5 dag	Mehl
5 dag	geriebene Haselnüsse
1 kg	gewaschene Weintrauben

Zum Bestreichen:
ca.
10 dag   zerlassene Butter (Thea)

Zum Bestreuen:
5 dag   Staubzucker

Den Teig nach Grundrezept auf Seite 8 zubereiten und ausziehen.

Für die Füllung die Dotter mit ⅔ des Zuckers, Vanillin-Zucker, Zimt und Zitronenschale schaumig schlagen.

Das Eiklar zu steifem Schnee schlagen (Schnittprobe) und unter ständigem Schlagen den Rest des Zuckers dazugeben.

Den Schnee auf die Dottermasse geben, darüber das Mehl sieben, die Nüsse daraufgeben und alles vorsichtig unterheben.

Den ausgezogenen Strudelteig mit zerlassener Butter (Thea) bestreichen und ca. die Hälfte des Teiges mit der Teigmasse und den Weintrauben bedecken.

Den Strudel nach Grundrezept auf Seite 8 weiterverarbeiten und backen.

Backtemperatur
Strom: vorheizen und backen bei 200 Grad
Gas: vorheizen und backen bei 3–4
Backzeit: 35–45 Min.

Germteigstrudel

(Grundrezept)
Zutaten:
Teig:

50 dag	Mehl
1 Pck.	**oetker** Germ
etwas	Salz
8 dag	Staubzucker
1 Pck.	**oetker** Vanillin-Zucker
½ Fl.	**oetker** Aroma Zitrone
3	Eier
10 dag ca.	zerlassene Butter (Thea)
⅛ l	lauwarme Milch

Zum Bestreichen:

1	versprudeltes Ei

Das Mehl in eine Rührschüssel sieben und mit der Germ gut vermischen.

In die Mitte eine Vertiefung eindrücken und Salz, Zucker, Vanillin-Zucker, Aroma, Eier, Butter (Thea) und Milch dazugeben und mit dem Handmixer (Knethaken) auf höchster Stufe so lange kneten, bis sich der Teig von der Schüssel löst.

Danach zugedeckt an einem warmen Ort ca. 30 Min. gehen lassen.

Den Teig ausrollen (ca. ½ cm dick) und halbieren. Die Füllung halbieren und gleichmäßig auf den Teighälften verteilen.

Die beiden Strudel einrollen und auf ein mit Backpapier ausgelegtes Backblech legen.

Danach nochmals zugedeckt an einem warmen Ort ca. 20 Min. gehen lassen.

Beide Strudel mit Ei bestreichen und an der Oberfläche einige Male einstechen.

Das Backblech in die Mitte des Rohres schieben und die Strudel backen.

Mandelstrudel

Zutaten:
Teig:
Germteig nach Grundrezept
Füllung:

⅛ l	Milch
18 dag	Zucker
1 Pck.	**oetker** Vanillin-Zucker
5	Tropfen **oetker** Aroma Zitrone
½ Fl.	**oetker** Aroma Rum
2	Tropfen **oetker** Aroma Bittermandel
etwas	Zimt gemahlen
40 dag	geriebene Mandeln
12 dag	gewaschene Rosinen

Den Teig nach Grundrezept zubereiten, ausrollen und halbieren.

Für die Füllung Milch, Zucker und Vanillin-Zucker zum Kochen bringen und Aromen, Zimt, Mandeln und Rosinen unterrühren. Auskühlen lassen und gleichmäßig auf den Teighälften verteilen.

Beide Strudel nach Grundrezept weiterverarbeiten und backen.

Backtemperatur
Strom: vorheizen und backen bei 175 Grad
Gas: vorheizen und backen bei 2
Backzeit: 35–40 Min.

Nußstrudel

Zutaten:
Teig:
Germteig nach Grundrezept
Füllung:

⅛ l	Milch
20 dag	Zucker
1 Pck.	**oetker** Vanillin-Zucker
½ Fl.	**oetker** Aroma Zitrone
½ Fl.	**oetker** Aroma Rum
etwas	Zimt gemahlen
40 dag	geriebene Nüsse
14 dag	gewaschene Rosinen

Den Teig nach Grundrezept auf Seite 16 zubereiten, ausrollen und halbieren.

Für die Füllung Milch, Zucker und Vanillin-Zucker zum Kochen bringen und Aromen, Zimt, Nüsse und Rosinen unterrühren. Auskühlen lassen und gleichmäßig auf den Teighälften verteilen.
Beide Strudel nach Grundrezept auf Seite 16 weiterverarbeiten und backen.

Backtemperatur
Strom: vorheizen und backen bei 175 Grad
Gas: vorheizen und backen bei 2
Backzeit: 35–40 Min.

Mohnstrudel

Zutaten:
Teig:
Germteig nach Grundrezept
Füllung:

⅛ l	Milch
15 dag	Butter (Thea)
24 dag	Zucker
1 Pck.	**oetker** Vanillin-Zucker
½ Fl.	**oetker** Aroma Zitrone
40 dag	geriebener Mohn
16 dag	gewaschene Rosinen

Den Teig nach Grundrezept auf Seite 16 zubereiten, ausrollen und halbieren.

Für die Füllung Milch, Butter (Thea), Zucker und Vanillin-Zucker zum Kochen bringen und Aroma, Mohn und Rosinen unterrühren. Auskühlen lassen und gleichmäßig auf den Teighälften verteilen.
Beide Strudel nach Grundrezept auf Seite 16 weiterverarbeiten und backen.

Backtemperatur
Strom: vorheizen und backen bei 175 Grad
Gas: vorheizen und backen bei 2
Backzeit: 35–40 Min.

Blätterteig

(Grundrezept)
Zutaten:
Teig:

25 dag	Mehl
10 dag	weiche Butter (Thea)
etwas	Salz
1 Eßl.	Essig
1	Dotter
ca.	
6 Eßl.	kaltes Wasser
15 dag	Butter (Thea)

Zum Bestreichen:

1	versprudeltes Ei oder
etwas	Wasser

Das Mehl auf eine Arbeitsfläche sieben, Butter in kleine Stücke schneiden und gut mit dem Mehl verreiben.

In die Mitte eine Vertiefung eindrücken, Salz, Essig, Dotter und Wasser dazugeben und zu einem glatten Teig verkneten.

Diesen zu einem Rechteck (ca. 1 cm dick) ausrollen. Die in Stücke geschnittene kalte Butter (Thea) in der Mitte verteilen und den Teig von der Schmalseite her zweimal übereinanderschlagen, so daß drei Schichten entstehen.

Danach in ein feuchtes Tuch oder in eine Alufolie einwikkeln und an einem kühlen Ort ca. ½ Stunde rasten lassen.

Danach wieder zu einem Rechteck ausrollen und die beiden Hälften gegen die Mitte so umklappen, daß sich die Enden in der Mitte berühren. Danach nochmals zusammenklappen.

Diese beiden Arbeitsvorgänge nach je ½ Stunde Rastzeit wiederholen.

Den Teig nochmals ½ Stunde rasten lassen, ausrollen, halbieren und von den Rändern einige Streifen zur Verzierung abschneiden.

Die Füllung halbieren, in der Mitte der beiden Teigblätter verteilen und die Teig-Enden über die Füllung schlagen.

Danach mit Ei oder Wasser bestreichen und an der Oberfläche einschneiden oder einstechen.

Die beiden Strudel mit den Teigstreifen verzieren und auf ein mit Backpapier ausgelegtes Backblech legen. Das Backblech in die Mitte des Rohres schieben und backen.

Himbeerstrudel

Zutaten:
Teig:
Blätterteig nach Grundrezept oder

2 Pkg.	tiefgekühlter Blätterteig

Füllung:

16 dag	Semmelbrösel
8 dag	Butter (Thea)
18 dag	Zucker
1 Pck.	**oetker** Vanillin-Zucker
40 dag	gereinigte Himbeeren

Den Blätterteig nach Grundrezept zubereiten, ausrollen und halbieren.

Für die Füllung die Brösel in Butter (Thea) goldgelb anrösten.

Brösel, Zucker, Vanillin-Zucker und Himbeeren in der Mitte der beiden Teighälften verteilen und beide Strudel nach Grundrezept weiterverarbeiten und backen.

Backtemperatur
Strom: vorheizen und backen bei 200 Grad: 20 Min.
backen bei 150 Grad: 20 Min.
Gas: vorheizen und backen bei 3–4: 20 Min.
backen bei 1: 20 Min.

Statt Himbeeren kann man auch Erdbeeren verwenden.

Tiroler Strudel

Zutaten:

Teig:
Blätterteig nach Grundrezept oder
2 Pkg.   tiefgekühlter Blätterteig

Füllung:

10 dag	Kletzen
5 dag	entkernte, kleingeschnittene Datteln
10 dag	blättrig geschnittene Feigen
10 dag	entkernte, kleingeschnittene Dörrpflaumen
5 dag	würfelig geschnittenes Zitronat
5 dag	würfelig geschnittene Aranzini
10 dag	grobgehackte Wal- oder Haselnüsse
5 dag	gewaschene Rosinen
6 Eßl.	Rum
6 Eßl.	Wasser
	Saft von 1 Zitrone
5 dag	Semmelbrösel
5 dag	Butter (Thea)

Den Blätterteig nach Grundrezept auf Seite 20 zubereiten, ausrollen und halbieren.

Für die Füllung die Kletzen putzen, Stiele entfernen und 3–4 Stunden in Wasser einweichen, abseihen und in kleine Stücke schneiden.

Alle Früchte in eine Schüssel geben, mit Rum, Wasser und Zitronensaft übergießen und unter mehrmaligem Umrühren 2 Tage zugedeckt stehen lassen.

Die Brösel in Butter (Thea) goldgelb anrösten und mit den Früchten vermischen.

Beide Strudel nach Grundrezept auf Seite 20 weiterverarbeiten und backen.

Backtemperatur
Strom: vorheizen und backen bei 200 Grad: 20 Min.
            backen bei 150 Grad: 20 Min.
Gas: vorheizen und backen bei 3–4: 20 Min.
            backen bei 1: 20 Min.

Stachelbeerstrudel

Zutaten:

Teig:
Blätterteig nach Grundrezept oder
2 Pkg.   tiefgekühlter Blätterteig

Füllung:

18 dag	Semmelbrösel
8 dag	Butter (Thea)
18 dag	Zucker
1 Pck.	**oetker** Vanillin-Zucker
8 dag	geriebene Wal- oder Haselnüsse
60 dag	gereinigte Stachelbeeren

Den Blätterteig nach Grundrezept auf Seite 20 zubereiten, ausrollen und halbieren.

Für die Füllung die Brösel in Butter (Thea) goldgelb anrösten.

Brösel, Zucker, Vanillin-Zucker, Nüsse und Stachelbeeren in der Mitte der beiden Teighälften verteilen und beide Strudel nach Grundrezept auf Seite 20 weiterverarbeiten und backen.

Backtemperatur
Strom: vorheizen und backen bei 200 Grad: 20 Min.
            backen bei 150 Grad: 20 Min.
Gas: vorheizen und backen bei 3–4: 20 Min.
            backen bei 1: 20 Min.

SÜSSE KNÖDEL, NUDELN UND TASCHERL

In der k. u. k. Monarchie kamen zahlreiche Spezialitäten nach Wien und wurden bald im ganzen Land beliebt.

Der geschmackliche Einklang von gekochten Teigen und fruchtigen Füllen erreicht bei Obstknödeln einen Höhepunkt. Süße Alternativen für die obstarme Zeit sind Germknödel mit köstlicher Powidlfülle und Grieß- und Topfenknödel in gerösteten Bröseln gewälzt.

Topfenteig für Obstknödel

Zutaten:
Teig:

25 dag	Topfen
12 dag	griffiges Mehl
etwas	Salz
1 Pck.	**oetker** Vanillin-Zucker
	Schale von ½ Zitrone
1	Ei
3 dag	weiche Butter (Thea)

Füllung:

ca.	
½ kg	gewaschenes, entkerntes Obst (Brombeeren, Heidelbeeren, Ribisel, Erdbeeren, Zwetschken, Marillen)
10–15 St.	Würfelzucker (bei kleinen Früchten halbieren)

Zum Bestreuen:

10 dag	Semmelbrösel
15 dag	Butter (Thea)
etwas	Staubzucker

Zutaten der Reihe nach in eine Rührschüssel geben, verkneten und ca. ½ Stunde rasten lassen.

Den Teig zu einer Rolle formen und in 10–15 Stücke (je nach Obstgröße) teilen.

Die Scheiben mit der Handfläche flach drücken, Obst und Zucker darin einhüllen und zu Knödeln formen. Diese in kochendes, leicht gesalzenes Wasser einlegen und ca. 15 Min. leicht kochen lassen.

Danach in gerösteten Bröseln wälzen, mit Staubzucker bestreuen und sofort servieren.

Brandteig für Obstknödel

Zutaten:
Teig:

⅜ l	Wasser
3 dag	Butter (Thea)
etwas	Salz
18 dag	Mehl
1	Ei

Füllung:

ca.	
½ kg	gewaschenes, entkerntes, mit Würfelzucker gefülltes Obst (Marillen, Zwetschken, Pfirsiche, Erdbeeren)
10–15 St.	Würfelzucker (bei kleinen Früchten halbieren)

Zum Bestreuen:

10 dag	Semmelbrösel
15 dag	Butter (Thea)
etwas	Staubzucker

Wasser, Butter (Thea) und Salz zum Kochen bringen und das gesiebte Mehl hineinschütten. Unter ständigem Rühren so lange erhitzen, bis sich der Teig vom Kochtopf löst.

Danach in eine Rührschüssel geben und das Ei gut unterrühren. Den Teig zu einer Rolle formen und auskühlen lassen.

Danach in 10–15 Stücke (je nach Obstgröße) teilen. Die Scheiben mit der Handfläche flach drücken, das Obst darin einhüllen und zu Knödeln formen.

Diese in kochendes, leicht gesalzenes Wasser einlegen und ca. 15 Min. leicht kochen lassen.

Die Knödel in gerösteten Bröseln wälzen, mit Staubzucker bestreuen und sofort servieren.

Kartoffel-Topfenteig für Obstknödel

Zutaten:
Teig:

15 dag	griffiges Mehl
12 dag	Bröseltopfen
30 dag	gekochte, geschälte und noch warm passierte Kartoffeln
5 dag	Butter (Thea)
2	Eier
etwas	Salz

Füllung:

½ kg	gewaschenes, entkerntes, mit Würfelzucker gefülltes Obst (Marillen, Zwetschken, Pfirsiche, Erdbeeren, Ringlotten)
15–20 St.	Würfelzucker (bei kleinen Früchten halbieren)

Zum Bestreuen:

10 dag	Semmelbrösel
15 dag	Butter (Thea)
etwas	Staubzucker

Mehl, Topfen und die ausgekühlten Kartoffeln auf eine Arbeitsfläche geben.

In die Mitte eine Vertiefung eindrücken, Butter (Thea), Eier und Salz hineingeben und von der Mitte aus alle Zutaten rasch zu einem glatten Teig verkneten.

Den Teig zu einer Rolle formen und in 15–20 Stücke (je nach Obstgröße) teilen. Die Scheiben mit der Handfläche flach drücken, das Obst darin einhüllen und zu Knödeln formen.

Diese in kochendes, leicht gesalzenes Wasser einlegen und ca. 15 Min. leicht kochen lassen.

Danach in gerösteten Bröseln wälzen, mit Staubzucker bestreuen und sofort servieren.

Kartoffelteig für Obstknödel

Zutaten:
Teig:

12 dag	griffiges Mehl
3 dag	feiner Grieß
40 dag	gekochte, geschälte und noch warm passierte Kartoffeln
3 dag	Butter (Thea)
1	Ei
etwas	Salz
	Schale von ½ Zitrone

Füllung:

½ kg	gewaschenes, entkerntes, mit Würfelzucker gefülltes Obst (Marillen, Zwetschken, Pfirsiche, Erdbeeren)
10–15 St.	Würfelzucker (bei kleinen Früchten halbieren)

Zum Bestreuen:

10 dag	Semmelbrösel
15 dag	Butter (Thea)
etwas	Staubzucker

Mehl und Grieß auf eine Arbeitsfläche sieben, die passierten Kartoffeln daraufgeben und auskühlen lassen.

In die Mitte eine Vertiefung eindrücken und Butter (Thea), Ei, Salz und Zitronenschale hineingeben und von der Mitte aus alle Zutaten zu einem glatten Teig verkneten.

Den Teig zu einer Rolle formen und in 10–15 Stücke (je nach Obstgröße) teilen.

Die Scheiben mit der Handfläche flach drücken, das Obst darin einhüllen und zu Knödeln formen.

Diese in kochendes, leicht gesalzenes Wasser einlegen und ca. 15 Min. leicht kochen lassen.

Danach in gerösteten Bröseln wälzen, mit Staubzucker bestreuen und sofort servieren.

Germknödel

Zutaten:
Teig:

40 dag	Mehl
1 Pck.	**oetker** Germ
etwas	Salz
4 dag	Staubzucker
5	Tropfen **oetker** Aroma Zitrone
2	Eier
1 Eßl.	Rum
6 dag	zerlassene Butter (Thea)
ca.	
⅛ l	lauwarme Milch

Füllung:

ca.	
10 dag	Powidl

Zum Bestreuen:

5 dag	geriebener Mohn oder
5 dag	geriebene Wal- oder Haselnüsse
5 dag	Staubzucker

Zum Übergießen:

5 dag	Butter (Thea)

Das Mehl in eine Rührschüssel sieben und mit der Germ gut vermischen. In die Mitte eine Vertiefung eindrücken, Salz, Zucker, Aroma, Eier, Rum, Butter (Thea) und Milch dazugeben und mit dem Handmixer (Knethaken) auf höchster Stufe so lange kneten, bis sich der Teig von der Schüssel löst.
Danach zugedeckt an einem warmen Ort ca. 30 Min. gehen lassen.
Den Teig danach zu einer armdicken Rolle formen, ca. 2 cm breite Scheiben abschneiden und mit Powidl füllen.
Die Enden gut zusammendrücken, zu Knödeln formen und diese auf eine bemehlte Arbeitsfläche legen.
Nochmals zugedeckt an einem warmen Ort ca. 20 Min. gehen lassen.
Danach die Knödel in kochendes Salzwasser legen und auf jeder Seite 3 Min. kochen.
Die fertigen Knödel mit Mohn-Zucker-Gemisch (Nuß-Zucker-Gemisch) bestreuen und mit leicht gebräunter Butter übergießen.

Schlipfkrapfen (Tirol)

Zutaten:
Teig:

10 dag	Weizenmehl
10 dag	Roggenmehl
etwas	Salz
⅛ l	lauwarmes Wasser

Füllung:

40 dag	getrocknete Birnen
20 dag	Topfen
5 dag	geriebener Mohn
10 dag	Zucker
1 Pck.	**oetker** Vanillin-Zucker
¹⁄₁₆ l	Kletzenwasser
4 Eßl.	Rum
	Saft von ½ Zitrone
1 Eßl.	Honig
1	Kaffeel. Zimt gemahlen

Zum Übergießen:

15 dag	Butter

Das Mehl auf eine Arbeitsfläche sieben. In die Mitte eine Vertiefung eindrücken und unter ständigem Rühren mit einer Gabel, Salz und so viel Wasser hinzugeben, bis ein zäher Teig entsteht. Diesen gut durchkneten und zugedeckt ca. 30 Min. rasten lassen.
Für die Füllung die getrockneten Birnen ca. 20 Min. kochen, abseihen und faschieren.
Danach mit Topfen, Mohn, Zucker, Vanillin-Zucker, Kletzenwasser, Rum, Zitronensaft, Honig und Zimt zu einer glatten Masse verrühren.
Aus dem Teig eine Rolle formen und diese in 15–20 Stücke teilen.
Die Teigstücke zu dünnen Scheiben ausrollen, jeweils etwas Füllung in die Mitte geben, eine Teighälfte darüberschlagen und die Ränder gut zusammendrücken.
Die Schlipfkrapfen in kochendes, leicht gesalzenes Wasser einlegen und 15–20 Min. leicht kochen lassen.
Vorsichtig herausheben, abtropfen lassen und mit heißer Butter übergießen.

Topfenknödel

Zutaten:
Teig:
37 dag	Topfen
15 dag	griffiges Mehl
etwas	Salz
1 Pck.	**oetker** Vanillin-Zucker
2	Eier
6 dag	erweichte Butter (Thea)

Zum Bestreuen:
10 dag	Semmelbrösel
8 dag	Butter (Thea)
etwas	Staubzucker

Beilage:
Zwetschkenröster

Zutaten der Reihe nach in einer Rührschüssel verkneten.
Mit bemehlten Händen Knödel formen und in kochendes, leicht gesalzenes Wasser einlegen.
Die Knödel ca. 10 Min. kochen lassen.
Die Brösel in Butter (Thea) goldbraun anrösten und die Knödel darin wälzen.
Mit Staubzucker bestreuen und mit Zwetschkenröster servieren.

Grießknödel

Zutaten:
Teig:
½ l	Milch
4 dag	Butter (Thea)
etwas	Salz
13 dag	Grieß
1–2	Eier

Zum Bestreuen:
10 dag	Semmelbrösel
8 dag	Butter (Thea)
etwas	Staubzucker

Beilage:
Zwetschkenröster

Milch, Butter (Thea) und Salz aufkochen. Den Grieß einrieseln lassen und so lange unter ständigem Rühren kochen, bis sich der Grieß vom Topf löst. Die Masse in eine Schüssel geben und nach und nach die Eier einrühren.
Weitere Eizugabe erübrigt sich, wenn der Teig stark glänzt und so vom Löffel reißt, daß lange Spitzen hängen bleiben.
Danach Knödel formen und diese in gesalzenem, schwach wallendem Wasser ca. 20 Min. ziehen lassen.
Die Brösel in Butter goldgelb anrösten.
Die Knödel mit Bröseln und Zucker bestreuen und mit Zwetschkenröster servieren.

Apfelknödel

Zutaten:
60 dag	Äpfel
	Saft von ½ Zitrone
1	Kaffeel. Zimt gemahlen
1	Ei
2 Eßl.	Wasser
etwas	Salz
25 dag	Mehl

Zum Bestreuen:
10 dag	Semmelbrösel
15 dag	Butter (Thea)
etwas	Staubzucker

Beilage:
Zwetschkenröster

Äpfel schälen und das Kerngehäuse ausstechen.
Die Äpfel danach kleinwürfelig schneiden, mit Zitronensaft beträufeln und mit Zimt vermischen.
Ei, Wasser und Salz versprudeln, über die Äpfel gießen und das Mehl unterrühren.
Aus der Masse Knödel formen, diese in kochendes, gesalzenes Wasser einlegen und 15–20 Min. leicht kochen lassen.
Die Knödel in gerösteten Bröseln wälzen, mit Staubzucker bestreuen und mit Zwetschkenröster servieren.

Kartoffelteig

(Grundrezept)
Zutaten:
Teig:

15 dag	griffiges Mehl
40 dag	gekochte, geschälte und noch warm passierte Kartoffeln
5 dag	Butter (Thea)
2	Dotter
etwas	Salz

Das Mehl auf eine Arbeitsfläche sieben, die passierten Kartoffeln daraufgeben und auskühlen lassen.
In die Mitte eine Vertiefung eindrücken und Butter (Thea), Dotter und Salz hineingeben.
Von der Mitte aus alle Zutaten rasch zu einem glatten Teig verkneten.
Den Teig eine ½ Stunde rasten lassen und weiterverarbeiten.

Powidl- oder Marillentascherl

Zutaten:
Teig:
Kartoffelteig nach Grundrezept

Zum Bestreichen:

1	Eiklar

Füllung:
Powidltascherl (für die gesamte Teigmenge):

4–5 Eßl.	Powidl
5	Tropfen **oetker** Aroma Rum

Marillentascherl (für die gesamte Teigmenge):

4–5 Eßl.	Marillenmarmelade

Zum Bestreuen:

10 dag	Butter (Thea)
15 dag	Semmelbrösel
etwas	Staubzucker

Den Teig nach Grundrezept zubereiten, ca. ½ cm dick ausrollen und Scheiben (8 cm ∅) ausstechen.
Den Powidl mit Aroma verrühren.
Auf jedes Teigstück einen Kaffeelöffel Powidl (Marillenmarmelade) geben.
Den Rand mit Eiklar bestreichen und die Teigscheiben fest zu Halbkreisen zusammendrücken.
Die Tascherl in leicht gesalzenes, kochendes Wasser geben und 10–15 Min. leicht kochen lassen.
Danach kalt abspülen und mit in Butter (Thea) gerösteten Bröseln und Staubzucker bestreuen.

Erdäpfelnudeln

Zutaten:
Teig:
Kartoffelteig nach Grundrezept

Zum Bestreuen:

8 dag	Butter (Thea)
15 dag	geriebener Mohn (Brösel)
etwas	Staubzucker

Den Teig nach Grundrezept zubereiten und zu einer daumendicken Rolle formen.
Davon ca. 2 cm lange Stücke abschneiden und zu Nudeln formen. Diese in leicht gesalzenes, kochendes Wasser geben und ca. 5 Min. kochen lassen.
Butter (Thea) zerlassen und Mohn (Brösel) darin leicht anrösten.
Die Nudeln in Mohn (Bröseln) wälzen und mit Staubzucker bestreut servieren.

WARME MEHLSPEISEN

Die Wiener Mehlspeisküche ist bekannt für ihre Palatschinken, Schmarren, Aufläufe und Puddings. Sie bilden den harmonischen Abschluß eines festlichen Menüs. In der Fastenzeit oder an fleischlosen Tagen werden diese Köstlichkeiten nach einer deftigen Suppe gerne als Hauptspeise serviert oder sie kommen als beliebter Nachtisch in kleineren Portionen auf den Tisch.

Rezept Nr. 449

Palatschinkenteig

(Grundrezept)
Zutaten:
Teig:

14 dag	Mehl
2 dag	Staubzucker
1 Pck.	**oetker** Vanillin-Zucker
etwas	Salz
2	Eier
¼ l	Milch
1 Eßl.	zerlassene Butter (Thea)

Zum Backen:
etwas   Öl, Kokosfett
            oder Schweineschmalz

Mehl in eine Schüssel sieben, Zucker, Vanillin-Zucker und Salz hinzufügen und nach und nach mit Eiern, Milch und Butter (Thea) zu einem dünnflüssigen Teig verrühren. Etwas Fett in einer Pfanne erhitzen, mit einem Schöpfer jeweils eine dünne Teiglage hineingeben und auf beiden Seiten goldgelb backen.

Rezept Nr. 450

Schokoladepalatschinken

Zutaten:
Teig:
Palatschinkenteig nach Grundrezept
Füllung:

⅛ l	Obers
12 dag	Schokolade
8 dag	Butter (Thea)
4 dag	Staubzucker
1 Pck.	**oetker** Vanille Zucker (aus echter Bourbon-Vanille)
4 Eßl.	Weinbrand

Zum Bestreuen:
etwas   Staubzucker

Zum Verzieren:

⅛ l	Obers
1 Pck.	Vanillin-Zucker

Palatschinken nach Grundrezept zubereiten.
Für die Füllung Obers und die in Stücke gebrochene Schokolade unter öfterem Umrühren aufkochen und zu einer glatten Masse verrühren.
Danach auskühlen lassen.
Butter (Thea) schaumig rühren und Zucker, Vanille Zucker, Weinbrand und die Schokoladecreme dazugeben. In die Mitte der Palatschinken etwas Füllung geben, fächerartig zusammenlegen und mit Staubzucker bestreuen.
Obers mit Vanillin-Zucker steif schlagen und die Palatschinken damit verzieren.
Mit Staubzucker bestreut servieren.

Rezept Nr. 451

Eispalatschinken

Zutaten:
Teig:
Palatschinkenteig nach Grundrezept
Füllung:

1 Pkg.	Marillen- oder Vanilleeis (½ l)

Marillensauce:

50 dag	gedünstete Marillen
4 Eßl.	Marillenlikör
1 Pck.	**oetker** Vanille Zucker (aus echter Bourbon-Vanille)

Palatschinken nach Grundrezept zubereiten.
Für die Sauce die Marillen im Mixer pürieren, mit Likör und Vanille Zucker verrühren und erhitzen.
Die Palatschinken mit Eis füllen und die Sauce darübergeben.
Mit Staubzucker bestreut servieren.

Topfenpalatschinken

Zutaten:

Teig:
Palatschinkenteig nach
Grundrezept

Füllung:

6 dag	Butter (Thea)
2	Dotter
6 dag	Zucker
1 Pck.	**oetker** Vanillin-Zucker
½ Fl.	**oetker** Aroma Zitrone
⅛ l	Sauerrahm
25 dag	Topfen
5 dag	gewaschene Rosinen
2	Eiklar

Zum Bestreuen:
etwas   Staubzucker

Die Palatschinken nach Grundrezept auf Seite 38 zubereiten.

Für die Füllung Butter (Thea) schaumig rühren und nach und nach Dotter, ⅔ des Zuckers, Vanillin-Zucker, Aroma, Sauerrahm, Topfen und Rosinen unterrühren.

Das Eiklar zu steifem Schnee schlagen (Schnittprobe) und unter ständigem Schlagen den Rest des Zuckers dazugeben.

Den Schnee auf die Topfenmasse geben und vorsichtig unterziehen.

In die Mitte der Palatschinken etwas Füllung geben, zusammenrollen, halbieren und in eine gut befettete Auflaufform legen.

Den Rost mit der Form in die Mitte des Rohres schieben.

Backtemperatur
Strom: vorheizen und backen bei 190 Grad
Gas: vorheizen und backen bei 3
Backzeit: 10–15 Min.

Die Palatschinken angezuckert servieren.

Orangenpalatschinken

Zutaten:

Teig:
Palatschinkenteig nach
Grundrezept

Füllung:

5 dag	geröstete, geriebene Haselnüsse
15 dag	Butter (Thea)
8 dag	Zucker
1 Pck.	**oetker** Vanille Zucker (aus echter Bourbon-Vanille)
1	Dotter Saft von 1 Orange
2 Eßl.	Orangenlikör
einige	Orangenspalten

Zum Beträufeln:
4 Eßl.   Orangenlikör

Zum Verzieren:

⅛ l	Obers
1 Pck.	**oetker** Vanillin-Zucker

Zum Bestreuen:
etwas   Staubzucker

Die Palatschinken nach Grundrezept auf Seite 38 zubereiten und warm stellen.

Für die Füllung die Haselnüsse in einen Topf geben und unter öfterem Schütteln anrösten (ohne Fett) und dann reiben.

Butter (Thea) schaumig rühren und nach und nach Zucker, Vanille Zucker, Dotter, Orangensaft, Nüsse und Likör dazugeben.

Die Orangenspalten mit Likör übergießen und ziehen lassen.

In die Mitte der Palatschinken etwas Füllung geben, fächerartig zusammenlegen, mit Likör beträufeln und mit Orangenspalten belegen.

Obers mit Vanillin-Zucker steif schlagen und die Palatschinken damit verzieren.

Mit Staubzucker bestreut servieren.

Topfenauflauf

Zutaten:
Teig:

50 dag	Äpfel
	Saft von ½ Zitrone
3 dag	Zucker
5 dag	Butter (Thea)
3	Dotter
10 dag	Zucker
1 Pck.	**oetker** Vanillin-Zucker
6	Tropfen **oetker** Aroma Zitrone
40 dag	Topfen
3	Eiklar
½ Pck.	**oetker** Pudding-Pulver Vanille-Geschmack

Zum Verzieren:

etwas	Staubzucker
etwas	Zimt gemahlen
¼ l	Obers
1 Pck.	**oetker** Sahnesteif
1 Pck.	**oetker** Vanillin-Zucker

Die Äpfel schälen, entkernen, in dünne Spalten schneiden und mit Zitronensaft beträufeln.

Eine Auflaufform gut befetten, die Apfelspalten einschichten und mit Zucker bestreuen.

Butter (Thea) schaumig rühren und nach und nach Dotter, ⅔ des Zuckers, Vanillin-Zucker, Aroma und Topfen dazugeben.

Das Eiklar zu steifem Schnee schlagen (Schnittprobe) und unter ständigem Schlagen den Rest des Zuckers dazugeben.

Den Schnee auf die Topfenmasse geben, darüber das mit Backpulver gemischte Pudding-Pulver sieben und vorsichtig unterheben.

Die Masse gleichmäßig auf den Äpfeln verteilen.

Den Rost mit der Form auf die unterste Schiene des Rohres schieben.

Backtemperatur
Strom: vorheizen und backen bei 190 Grad
Gas: vorheizen und backen bei 3
Backzeit: 40–45 Min.

Das Obers mit Sahnesteif und Vanillin-Zucker steif schlagen.

Den heißen Auflauf mit Zucker und Zimt bestreuen und mit Schlagobers servieren.

Vanille-Palatschinken

Zutaten:
Teig:
Palatschinkenteig nach Grundrezept
Füllung:

1 Pck.	**oetker** Pudding-Pulver Vanille-Geschmack
6 dag	Zucker
⅜ l	Milch
6 dag	Butter (Thea)
1	Dotter
2 Pck.	**oetker** Vanille Zucker (aus echter Bourbon-Vanille)
4 Eßl.	Eierlikör

Zum Verzieren:

⅛ l	Obers
1 Pck.	**oetker** Vanillin-Zucker
1 Pck.	**oetker** Vanille Zucker (aus echter Bourbon-Vanille)

Die Palatschinken nach Grundrezept auf Seite 38 zubereiten.

Für die Füllung das Puddingpulver mit Zucker vermischen und mit 6 Eßlöffeln von der vorbereiteten Milch glattrühren. Die übrige Milch zum Kochen bringen. Das angerührte Pulver in die kochende Milch einrühren und unter ständigem Weiterrühren 1 Min. auf kleinem Feuer kochen lassen.

Während des Erkaltens öfters umrühren.

Danach Dotter, Vanille Zucker und Eierlikör dazugeben. Die Palatschinken mit der Creme füllen und zusammenrollen.

Obers mit Vanillin-Zucker steif schlagen und die Palatschinken damit verzieren.

Mit Vanille Zucker bestreut servieren.

Vanillepudding

Zutaten:
Teig:

⅛ l	Milch
etwas	Salz
5 dag	Butter (Thea)
8 dag	Mehl
4	Dotter
2 Pck.	**oetker** Vanille Zucker (aus echter Bourbon-Vanille)
6	Tropfen **oetker** Aroma Zitrone
4	Eiklar
3 dag	Zucker

Fruchtsauce:

40 dag	Erdbeeren oder Himbeeren
8 dag	Zucker
1 Pck.	**oetker** Vanillin-Zucker
	Saft von ½ Zitrone
2 Eßl.	Maraschino

Milch, Salz und Butter (Thea) zum Kochen bringen. Den Topf von der Kochstelle nehmen, das gesiebte Mehl auf einmal hineinschütten und zu einem glatten Knödel verrühren. Diesen unter ständigem Umrühren ca.1 Min. erhitzen.
Den heißen Knödel in eine Rührschüssel geben und nach und nach Dotter, Vanille Zucker und Aroma dazugeben.
Das Eiklar zu steifem Schnee schlagen und unter ständigem Schlagen den Zucker hinzufügen.
Den Schnee auf die Dottermasse geben und vorsichtig unterheben.
Die Masse in eine gut befettete und mit Bröseln ausgestreute Puddingform füllen.
Die geschlossene Form in einen Topf mit kochendem Wasser stellen und ca. 60 Min. kochen lassen.
Den Pudding stürzen und mit der Fruchtsauce servieren.
Für die Sauce die Erdbeeren (Himbeeren) im Mixer pürieren, Zucker, Vanillin-Zucker, Zitronensaft und Maraschino dazugeben und die Masse erwärmen.

Scheiterhaufen

Zutaten:

5	Semmeln vom Vortag
5 dag	zerlassene Butter (Thea)
40 dag	Äpfel
5 dag	gewaschene Rosinen

Zum Übergießen:

½ l	Milch
3	Dotter
8 dag	Zucker
1 Pck.	**oetker** Vanillin-Zucker
2 Eßl.	Rum
½	Kaffeel. Zimt gemahlen

Schneehaube:

3	Eiklar
9 dag	Zucker

Zum Bestreuen:

5 dag	Staubzucker

Die Semmeln in dünne Scheiben schneiden und im Backrohr hellbraun toasten. Danach mit Butter (Thea) beträufeln.
Eine gut befettete Auflaufform mit der Hälfte der Semmelscheiben auslegen
Die Äpfel schälen, das Kerngehäuse entfernen und die Äpfel blättrig schneiden. Mit den Rosinen und den restlichen Semmelscheiben vermischen und in die Form geben.
Milch, Dotter, Zucker, Vanillin-Zucker, Rum und Zimt verrühren und über die Masse geben.
Das Ganze ca. 15 Min. ziehen lassen.
Den Rost mit der Form auf die unterste Schiene des Rohres schieben.

Backtemperatur
Strom: vorheizen und backen bei 200 Grad
Gas: vorheizen und backen bei 3
Backzeit: 35–40 Min.

Inzwischen das Eiklar zu steifem Schnee schlagen (Schnittprobe) und unter ständigem Schlagen den Zucker dazugeben.
Die Masse in einen Spritzsack füllen und über den Scheiterhaufen spritzen. Nochmals ins Rohr geben und ca. 5 Min. hellbraun überbacken.
Den Scheiterhaufen mit Zucker bestreut servieren.

Kaffeepudding

Zutaten:
Teig:

8 dag	Butter (Thea)
4	Dotter
12 dag	Zucker
1 Pck.	**oetker** Vanillin-Zucker
3 Eßl.	Milch
2	Kaffeel. Löskaffee
4	Eiklar
16 dag	Mehl

Kaffeesauce:

$\frac{1}{8}$ l	Obers
5 Eßl.	Mokkalikör

Butter (Thea) schaumig rühren und nach und nach Dotter, $\frac{2}{3}$ des Zuckers, Vanillin-Zucker und den in Milch aufgelösten Löskaffee dazugeben.
Das Eiklar zu steifem Schnee schlagen (Schnittprobe) und unter ständigem Schlagen den Rest des Zuckers dazugeben.
Den Schnee auf die Dottermasse geben, das Mehl darüber sieben und vorsichtig unterheben.
Die Masse in eine gut befettete und mit Bröseln ausgestreute Puddingform füllen.
Die geschlossene Form in einen Topf mit kochendem Wasser stellen und 60 Min. kochen lassen.
Den Pudding stürzen und mit Kaffeesauce servieren.
Für die Sauce das Obers steif schlagen und nach und nach den Likör dazugeben.

Mandelpudding

Zutaten:
Teig:

10 dag	Butter (Thea)
5	Dotter
10 dag	Zucker
1 Pck.	**oetker** Vanillin-Zucker
$\frac{1}{2}$ Fl.	**oetker** Aroma Zitrone
5	Eiklar
10 dag	geriebene Mandeln
3 dag	Semmelbrösel

Weinchaudeau:

3	Dotter
3 dag	Zucker
1 Pck.	**oetker** Vanillin-Zucker
	Saft von $\frac{1}{2}$ Zitrone
$\frac{1}{8}$ l	Rotwein

Butter (Thea) schaumig rühren und nach und nach Dotter, $\frac{2}{3}$ des Zuckers, Vanillin-Zucker und Aroma hinzufügen. Das Eiklar zu steifem Schnee schlagen und unter ständigem Schlagen den Rest des Zuckers dazugeben.
Den Schnee auf die Dottermasse geben, darüber die Mandeln und Semmelbrösel streuen und alles vorsichtig unterheben.
Die Masse in gut befettete und mit Bröseln ausgestreute Formen füllen. (Dürfen nur $\frac{3}{4}$ gefüllt sein.) Die geschlossenen Formen in einen Topf mit kochendem Wasser stellen und 30 Min. kochen lassen.
Die Puddinge sofort stürzen und mit Weinchaudeau servieren.
Für das Weinchaudeau Dotter mit Zucker, Vanillin-Zucker, Zitronensaft und Wein über Dunst so lange schlagen, bis eine dickschaumige Masse entstanden ist.

Wiesener
Grießschmarren (Bgld)

Zutaten:

10 dag	Butter (Thea)
25 dag	Grieß
etwas	Salz
½ l	Milch
7 dag	Zucker
1 Pck.	**oetker** Vanillin-Zucker
10 dag	gewaschene Rosinen

Zum Bestreuen:

etwas	Staubzucker

Beilage:

	Kompott

Butter (Thea) zerlassen und den gesalzenen Grieß darin anlaufen lassen.

Mit Milch aufgießen und unter ständigem Rühren ca. 5 Min. kochen lassen.

Danach Zucker, Vanillin-Zucker und Rosinen unterrühren.

Die Masse in eine gut befettete Auflaufform geben. Den Rost mit der Form in die Mitte des Rohres schieben.

Backtemperatur
Strom: vorheizen und backen bei 200 Grad
Gas: vorheizen und backen bei 3
Backzeit: 30–35 Min.

Während des Backens öfters mit einer Gabel umrühren. Den Schmarren mit Zucker bestreuen und mit Kompott servieren.

Kipferlschmarren

Zutaten:

6	Kipferln vom Vortag
5 dag	zerlassene Butter (Thea)
3 dag	gewaschene Rosinen

Zum Übergießen:

⅜ l	Milch
2	Eier
5 dag	Zucker
1 Pck.	**oetker** Vanillin-Zucker

Zum Bestreuen:

etwas	Staubzucker

Beilage:

	Kompott

Die Kipferln blättrig schneiden, mit Butter (Thea) beträufeln und mit Rosinen vermischt in eine gut befettete Auflaufform geben.

Milch, Eier, Zucker und Vanillin-Zucker gut verrühren und über die Kipferln gießen.

Das Ganze ca. 15 Min. ziehen lassen.

Den Rost mit der Form auf die unterste Schiene des Rohres schieben.

Backtemperatur
Strom: vorheizen und backen bei 190 Grad
Gas: vorheizen und backen bei 3
Backzeit: 30–35 Min.

Den Schmarren mit Zucker bestreuen und mit Kompott servieren.

Apfelschmarren (Vbg)

Zutaten:
Teig:

4	Eier
$\frac{1}{4}$ l	Milch
etwas	Salz
4 dag	Zucker
1 Pck.	**oetker** Vanillin-Zucker
20 dag	Mehl
30 dag	Äpfel
	Saft von $\frac{1}{2}$ Zitrone
1	gestr. Kaffeel. Zimt gemahlen
6 dag	Butter (Thea)

Zum Bestreuen:

5 dag	Staubzucker
1	Kafeel. Zimt gemahlen

Eier, Milch, Salz, Zucker, Vanillin-Zucker und Mehl gut verrühren.
Die Äpfel schälen und grob reiben. Mit Zitronensaft beträufeln und mit Zimt vermischen. Danach mit dem Teig verrühren.
Butter (Thea) in einer Pfanne zerlassen, die Masse hineingeben und unter öfterem Umrühren goldgelb backen.
Mit Zucker-Zimt-Gemisch bestreuen.

Reisschmarren (Bgld)

Zutaten:

$\frac{3}{8}$ l	Milch
1	Prise Salz
15 dag	Rundkornreis
7 dag	gewaschene Rosinen
1	Ei
1	Dotter
1	Kaffeel. Zimt gemahlen
5 dag	Zucker
1 Pck.	**oetker** Vanillin-Zucker
6 dag	Butter (Thea)

Zum Bestreuen:

etwas	Staubzucker

Beilage:

	Kompott

Die Milch salzen und aufkochen. Den Reis waschen, in die Milch einstreuen und ca. 30 Min. kochen lassen. Die Rosinen dazugeben und auskühlen lassen.
Ei, Dotter, Zimt, Zucker und Vanillin-Zucker versprudeln und unter die Reismasse rühren.
Butter (Thea) in einer Auflaufform zerlassen und den Reis hineingeben.
Den Rost mit der Form auf die unterste Schiene des Rohres schieben.

Backtemperatur
Strom: vorheizen und backen bei 190 Grad
Gas: vorheizen und backen bei 3
Backzeit: 25–30 Min.

Während des Backens öfters mit einer Gabel umrühren.
Den Schmarren mit Zucker bestreuen und mit Kompott servieren.

SCHMALZ-GEBACKENES

Schmalzbäckereien entstanden besonders auf dem Lande als Alternative zu den feinen Mehlspeisen der Stadt. Diese süßen Köstlichkeiten waren geeignet, den Kalorienbedarf nach einem harten Arbeitstag zu decken.

Im Laufe der Zeit hat jedes Bundesland seine eigenen Spezialitäten, verschiedenen Teigarten und unterschiedlichen Formen entwickelt, die alle ihre spezielle Bedeutung und Tradition haben.

Böhmische Dalken

Zutaten:
Teig:

35 dag	griffiges Mehl
1 Pck.	**oetker** Germ
1	Kaffeel. Salz
5 dag	Zucker
1 Pck.	**oetker** Vanillin-Zucker
1	Ei
6 dag	zerlassene Butter (Thea)
⅜ l	lauwarme Milch

Zum Backen:
ca.

5 dag	Butter (Thea)

Füllung:

4–5 Eßl.	Powidl
etwas	Zimt gemahlen
1 Eßl.	Rum

Zum Bestreuen:

etwas	Staubzucker

Das gesiebte Mehl und die Germ in eine Schüssel geben und gut durchmischen. In die Mitte eine Vertiefung eindrücken, Salz, Zucker, Vanillin-Zucker, Ei, Butter (Thea) und Milch hineingeben und mit dem Handmixer gut verrühren.
Den Teig zugedeckt an einem warmen Ort ca. 40 Min. gehen lassen.
In eine Dalken- oder Spiegeleierpfanne jeweils etwas Butter (Thea) geben und die Dalken auf jeder Seite hellgelb backen.
Auf diese Weise den ganzen Teig verarbeiten.
Danach jeweils drei Dalken mit etwas Powidl, den man mit Zimt und Rum verrührt, zusammensetzen und mit Staubzucker bestreuen.
Böhmische Dalken können nach Belieben mit Schlagobers serviert werden.

Türkenpolster (NÖ)

Zutaten:
Teig:

16 dag	Mehl
½	Kaffeel.
	oetker Backpulver
etwas	Salz
1 Pck.	**oetker** Vanillin-Zucker
2	Dotter
1 Eßl.	Rum
½ Fl.	**oetker** Aroma Zitrone
8 dag	Butter (Thea)

Füllung:
ca.

4 Eßl.	Preiselbeermarmelade

Zum Ausbacken:

	Öl, Kokosfett oder Schweineschmalz

Zum Bestreuen:

3 dag	Staubzucker
1 Pck.	**oetker** Vanille Zucker (aus echter Bourbon-Vanille)

Das mit Backpulver gemischte Mehl auf eine Arbeitsfläche sieben. In die Mitte eine Vertiefung eindrücken, Salz, Vanillin-Zucker, Dotter, Rum und Aroma dazugeben und mit einem Teil des Mehls zu einem dicken Brei verarbeiten.
Darauf die in kleine Stücke geschnittene kalte Butter (Thea) geben und von der Mitte aus alle Zutaten rasch zu einem glatten Teig verkneten.
Den Teig ca. 30 Min. kalt stellen.
Danach messerrückendick ausrollen und Scheiben (7 cm ∅) ausstechen.
In die Mitte etwas Marmelade geben, zu Taschen zusammenklappen und die Ränder fest zusammendrücken. In einer Kasserolle so viel Fett erhitzen, daß das Gefäß bis zur Hälfte gefüllt ist. Das Fett langsam erhitzen (richtige Backtemperatur: wenn ein Weißbrotwürfel, den man ins heiße Fett gibt, leicht gebräunt ist) und während des Backens gleichmäßig heiß halten.
Die Türkenpolster im heißen Fett auf beiden Seiten goldgelb backen, abtropfen lassen und mit Staubzucker-Vanille Zucker-Gemisch bestreut, warm oder kalt servieren.

Mohnnüßchen (NÖ)

Zutaten:
Teig:

30 dag	Mehl
1 Pck.	**oetker** Germ
4 dag	Zucker
1 Pck.	**oetker** Vanillin-Zucker
etwas	Salz
½ Fl.	**oetker** Aroma Zitrone
1	Ei
2	Dotter
2 dag	zerlassene Butter (Thea)
ca.	
⅛ l	lauwarme Milch

Zum Ausbacken:
Öl, Kokosfett
oder Schweineschmalz

Zum Wälzen:

10 dag	geriebener Mohn
10 dag	Staubzucker

Beilage:
Zwetschkenröster

Das Mehl in eine Rührschüssel sieben und mit der Germ gut vermischen. In die Mitte eine Vertiefung eindrücken, Zucker, Vanillin-Zucker, Salz, Aroma, Ei, Dotter, Butter (Thea) und Milch hineingeben und mit einem Handmixer (Knethaken) so lange kneten, bis sich der Teig von der Schüssel löst.
Danach an einem warmen Ort zugedeck ca. 30 Min. gehen lassen.
In einer Kasserolle so viel Fett erhitzen, daß das Gefäß bis zur Hälfte gefüllt ist. Das Fett langsam erhitzen (richtige Backtemperatur: wenn ein Weißbrotwürfel, den man ins heiße Fett gibt, leicht gebräunt ist) und während des Backens gleichmäßig heiß halten. Mit einem Löffel, den man ins heiße Fett taucht, nußgroße Stücke abstechen und diese im heißen Fett auf beiden Seiten goldbraun backen.
Sofort im Mohn-Zucker-Gemisch wälzen und mit Zwetschkenröster servieren.

Rosenkrapfen (NÖ)

Zutaten:
Teig:

25 dag	griffiges Mehl
½	Kaffeel.
	oetker Backpulver
etwas	Salz
5	Dotter
2 Eßl.	Sauerrahm
3–4 Eßl.	Rum

Zum Bestreichen:

1	Eiklar

Zum Ausbacken:
Öl, Kokosfett
oder Schweineschmalz

Zum Füllen:

etwas	Preiselbeermarmelade

Zum Bestreuen:
ca.

5 dag	Staubzucker

Das mit Backpulver gemischte Mehl auf eine Arbeitsfläche sieben. In die Mitte eine Vertiefung eindrücken, Salz, Dotter, Sauerrahm und Rum dazugeben und mit einem Teil des Mehls zu einem dicken Brei verarbeiten.
Danach von der Mitte aus alle Zutaten rasch zu einem glatten Teig verkneten und ca. 30 Min. kalt stellen. Den Teig messerrückendick ausrollen und Blätter ausstechen. Diese mit Eiklar zu Rosen zusammensetzen.
In einer Kasserolle so viel Fett erhitzen, daß das Gefäß bis zur Hälfte gefüllt ist. Das Fett langsam erhitzen (richtige Backtemperatur: wenn ein Weißbrotwürfel, den man ins heiße Fett gibt, leicht gebräunt ist) und während des Backens gleichmäßig heiß halten. Die Rosen im heißen Fett goldgelb backen und abtropfen lassen.
In die Mitte etwas Marmelade geben und mit Staubzucker bestreuen.

Südsteirische Strauben

Zutaten:
Teig:

30 dag	Mehl
½	Kaffeel. **oetker** Backpulver
4	Dotter
etwas	Salz
ca. 12 Eßl.	Weißwein

Zum Ausbacken:
Öl, Kokosfett oder Schweineschmalz

Zum Bestreuen:
10 dag	Staubzucker

Beilage:
Apfelmus

Das mit Backpulver gemischte Mehl auf eine Arbeitsfläche sieben. In die Mitte eine Vertiefung eindrücken und unter stetem Rühren mit einer Gabel Dotter, Salz und so viel Weißwein hinzufügen, bis ein zäher Teig entsteht.
Den Teig so lange kneten, bis er glatt ist.
Nun ein kleines Laibchen formen und ca. 1 Stunde zugedeckt rasten lassen.
Den Teig danach dünn ausrollen und Quadrate (5 × 5 cm) ausradeln.
Innerhalb der Quadrate vier 1 cm breite Streifen einradeln.
In einer Kasserolle so viel Fett erhitzen, daß das Gefäß bis zur Hälfte gefüllt ist. Das Fett langsam erhitzen (richtige Backtemperatur: wenn ein Weißbrotwürfel, den man ins heiße Fett gibt, leicht gebräunt ist) und während des Backens gleichmäßig heiß halten.
Die Strauben auf einem Kochlöffelstiel durch Anheben jedes zweiten Teigstreifens auffädeln und im heißen Fett auf beiden Seiten goldgelb backen. Abtropfen lassen, mit Staubzucker bestreuen und mit Apfelmus servieren.

Almraunkerl (Stmk)

Zutaten:
Teig:

25 dag	Mehl
½	Kaffeel. **oetker** Backpulver
etwas	Salz
5 dag	Staubzucker
1 Pck.	**oetker** Vanillin-Zucker
½	Kafeel. Zimt gemahlen
3	Tropfen **oetker** Aroma Zitrone
4 Eßl.	Sauerrahm
6 dag	Butter (Thea)

Zum Ausbacken:
Öl, Kokosfett oder Schweineschmalz

Das mit Backpulver gemischte Mehl auf eine Arbeitsfläche sieben. In die Mitte eine Vertiefung eindrücken und Salz, Zucker, Vanillin-Zucker, Zimt, Aroma und Sauerrahm dazugeben und mit einem Teil des Mehls zu einem dicken Brei verarbeiten. Darauf die in kleine Stücke geschnittene kalte Butter (Thea) geben und von der Mitte aus alle Zutaten rasch zu einem glatten Teig verkneten.
Den Teig ca. 30 Min. kalt stellen.
Danach messerrückendick ausrollen und kleine Herzen ausstechen.
In einer Kasserolle so viel Fett erhitzen, daß das Gefäß bis zur Hälfte gefüllt ist. Das Fett langsam erhitzen (richtige Backtemperatur: wenn ein Weißbrotwürfel, den man ins heiße Fett gibt, leicht gebräunt ist) und während des Backens gleichmäßig heiß halten. Die Raunkerl im heißen Fett auf beiden Seiten goldbraun backen und abtropfen lassen.

Spagatkrapfen (Stmk/Ktn)

Zutaten:
Teig:

30 dag	Mehl
½	Kaffeel.
	oetker Backpulver
etwas	Salz
3 Eßl.	Obers
2	Dotter
1	Ei
½ Fl.	**oetker** Aroma Zitrone
15 dag	Butter (Thea)

Zum Ausbacken:
Öl, Kokosfett
oder Schweineschmalz

Zum Bestreuen:

10 dag	Staubzucker
2	gestr. Kaffeel. Zimt gemahlen
¼ l	Obers
1 Pck.	**oetker** Sahnesteif
1 Pck.	**oetker** Vanillin-Zucker

Das mit Backpulver gemischte Mehl auf eine Arbeitsfläche sieben. In die Mitte eine Vertiefung eindrücken und Salz, Obers, Dotter, Ei und Aroma dazugeben und mit einem Teil des Mehls zu einem dicken Brei verarbeiten.
Darauf die in kleine Stücke geschnittene kalte Butter (Thea) geben und von der Mitte aus alle Zutaten rasch zu einem glatten Teig verkneten.
Den Teig ca. 30 Min. kalt stellen.
Danach messerrückendick ausrollen und Rechtecke ausradeln.
In einer Kasserolle so viel Fett erhitzen, daß das Gefäß bis zur Hälfte gefüllt ist. Das Fett langsam erhitzen (richtige Backtemperatur: wenn ein Weißbrotwürfel, den man ins heiße Fett gibt, leicht gebräunt ist) und während des Bakkens gleichmäßig heiß halten. Die Teigstreifen mit Spagat auf eine Schaumrollenform binden und im heißen Fett auf allen Seiten goldgelb backen.
Abtropfen lassen und vorsichtig von den Formen streifen.
Den Spagat weggeben und die Krapfen mit Zucker-Zimt-Gemisch bestreuen.
Obers mit Sahnesteif und Vanillin-Zucker steif schlagen und zu den Spagatkrapfen servieren.

Hirschhörner (Ktn)

Zutaten:
Teig:

20 dag	Mehl
5 dag	Maisstärke
1	Kaffeel.
	oetker Backpulver
etwas	Salz
4 dag	Zucker
1 Pck.	**oetker** Vanillin-Zucker
⅛ l	Sauerrahm
5 dag	Butter (Thea)

Zum Ausbacken:
Öl, Kokosfett oder
Schweineschmalz

Zum Bestreuen:
ca.

10 dag	Staubzucker

Mehl, Maisstärke und Backpulver mischen und auf eine Arbeitsfläche sieben. In die Mitte eine Vertiefung eindrücken, Salz, Zucker, Vanillin-Zucker und Sauerrahm dazugeben und mit einem Teil des Mehls zu einem dicken Brei verarbeiten.
Darauf die in kleine Stücke geschnittene kalte Butter (Thea) geben und von der Mitte aus alle Zutaten rasch zu einem glatten Teig verkneten.
Den Teig ca. 30 Min. kalt stellen.
Danach zu bleistiftdicken Rollen formen, 5–6 cm lange Stücke abschneiden und am Rand mehrmals einschneiden.
In einer Kasserolle so viel Fett erhitzen, daß das Gefäß bis zur Hälfte gefüllt ist. Das Fett langsam erhitzen (richtige Backtemperatur: wenn ein Weißbrotwürfel, den man ins heiße Fett gibt, leicht gebräunt ist) und während des Bakkens gleichmäßig heiß halten.
Die Hirschhörner im heißen Fett auf beiden Seiten goldbraun backen, abtropfen lassen und mit Staubzucker bestreuen.

Küechle (Vbg)

Zutaten:

Teig:

3	Dotter
4 dag	Zucker
1 Pck.	**oetker** Vanillin-Zucker
etwas	Salz
3	Eiklar
6 dag	Mehl

Zum Ausbacken:

Öl, Kokosfett oder
Schweineschmalz

Heidelbeersauce:

4 Eßl.	Heidelbeermarmelade
6 Eßl.	Obers
2 Eßl.	Maraschino

Dotter mit der Hälfte des Zuckers, Vanillin-Zucker und Salz schaumig schlagen.

Das Eiklar zu steifem Schnee schlagen (Schnittprobe) und unter ständigem Schlagen den Rest des Zuckers dazugeben.

Den Schnee auf die Dottermasse geben, das Mehl darübersieben und alles vorsichtig unterheben.

In einer Kasserolle so viel Fett erhitzen, daß das Gefäß bis zur Hälfte gefüllt ist. Das Fett langsam erhitzen (richtige Backtemperatur: wenn ein Weißbrotwürfel, den man ins heiße Fett gibt, leicht gebräunt ist) und während des Backens gleichmäßig heiß halten.

Vom Teig Nockerl ausstechen und diese im heißen Fett auf beiden Seiten goldgelb backen.

Abtropfen lassen und sofort mit Heidelbeersauce servieren.

Für die Sauce die Zutaten der Reihe nach gut verrühren.

Hasenöhrle (Vbg)

Zutaten:

Teig:

25 dag	Mehl
½	Kaffeel.
	oetker Backpulver
etwas	Salz
1 Pck.	**oetker** Vanillin-Zucker
1	Ei
4 Eßl.	Obers
8 dag	Butter (Thea)

Zum Ausbacken:

Öl, Kokosfett oder
Schweineschmalz

Zum Bestreuen:

5 dag	Staubzucker
1	Kaffeel. Zimt gemahlen

Das mit Backpulver gemischte Mehl auf eine Arbeitsfläche sieben. In die Mitte eine Vertiefung eindrücken, Salz, Vanillin-Zucker, Ei und Obers dazugeben und mit einem Teil des Mehls zu einem dicken Brei verarbeiten.

Darauf die in kleine Stücke geschnittene kalte Butter (Thea) geben und alle Zutaten rasch zu einem glatten Teig verkneten.

Den Teig ca. 30 Min. kalt stellen.

Danach messerrückendick ausrollen und Dreiecke ausradeln.

In einer Kasserolle so viel Fett erhitzen, daß das Gefäß bis zur Hälfte gefüllt ist. Das Fett langsam erhitzen (richtige Backtemperatur: wenn ein Weißbrotwürfel, den man ins heiße Fett gibt, leicht gebräunt ist) und während des Backens gleichmäßig heiß halten.

Die Hasenöhrl im heißen Fett auf beiden Seiten goldgelb backen.

Abtropfen lassen und mit Zucker-Zimt-Gemisch bestreuen.

FEINE TORTEN

Im 19. Jahrhundert wurden die ersten Torten aus leichten Biskuit-Teigen zubereitet. Diese Torten-böden regten die Phantasie der Zuckerbäcker an. Und so entstand schon bald eine breite Palette an köstlich-feinen Cremen und vielen neuen Torten-Kreationen.

Torten bilden auch heute noch einen krönenden Abschluß bei einer Vielzahl von Feiern und Festen.

Nußtorte

Zutaten:

Teig:

5	Dotter
12 dag	Zucker
1 Pck.	**oetker** Vanillin-Zucker
½ Fl.	**oetker** Aroma Zitrone
½	Kaffeel. Zimt gemahlen
5	Eiklar
10 dag	Mehl
1	Messersp. **oetker** Backpulver
10 dag	geriebene Walnüsse

Zum Tränken:

6 Eßl.	Rum

Zum Bestreichen:

5–6 Eßl.	passierte Ribiselmarmelade

Creme:

15 dag	Butter (Thea)
10 dag	Staubzucker
1 Pck.	**oetker** Vanillin-Zucker
½ Fl.	**oetker** Aroma Rum
8 dag	geriebene Walnüsse
1	Dotter
1	Eiklar

Glasur:

20 dag	weiße Fondantglasur

Zum Verzieren:

	einige Walnußhälften

Dotter mit ⅔ des Zuckers, Vanillin-Zucker, Aroma und Zimt schaumig schlagen.

Das Eiklar zu steifem Schnee schlagen (Schnittprobe) und unter ständigem Schlagen den Rest des Zuckers dazugeben.

Den Schnee auf die Dottermasse geben, darüber das mit Backpulver gemischte und gesiebte Mehl und die Nüsse geben und vorsichtig unterheben.

Den Teig in eine mit Backpapier ausgelegte Springform (24 cm ⌀) füllen.

Den Rost mit der Backform auf die unterste Schiene des Rohres schieben.

Backtemperatur

Strom: vorheizen und backen bei 170 Grad

Gas: vorheizen und backen bei 2

Backzeit: 40–50 Min.

Die gut ausgekühlte Torte zweimal durchschneiden und mit Rum tränken.

Für die Creme Butter (Thea) schaumig rühren und nach und nach ⅔ des Zuckers, Vanillin-Zucker, Aroma, Nüsse und Dotter dazugeben.

Das Eiklar zu steifem Schnee schlagen (Schnittprobe) und unter ständigem Schlagen den Rest des Zuckers dazugeben.

Den Schnee eßlöffelweise unter die Creme rühren.

Den ersten Tortenboden mit Ribiselmarmelade bestreichen, den zweiten darauflegen und die Creme darauf verteilen.

Den letzten Tortenboden darauflegen und die Torte dünn mit Marmelade bestreichen.

Die Fondantglasur langsam erwärmen, die Torte damit überziehen und mit Walnußhälften belegen.

Dobostorte

Zutaten:
Teig:

6	Eier
12 dag	Zucker
1 Pck.	**oetker** Vanillin-Zucker
½ Fl.	**oetker** Aroma Zitrone
12 dag	Mehl
6 dag	zerlassene Butter (Thea)

Füllung:

⅜ l	Milch (Zimmertemperatur)
1 Pck.	**oetker** Tortencreme-Pulver
25 dag	Butter (Thea)
15 dag	Staubzucker
1 Pck.	**oetker** Vanillin-Zucker
12 dag	erweichte Schokolade
1	Dotter

Glasur:

20 dag	Zucker
1 dag	Butter (Thea)

Für den Rand:

ca.	
3 dag	**oetker** Decor Schokoblättchen

Eier, Zucker, Vanillin-Zucker und Aroma über Dunst schaumig schlagen. Danach so lange schlagen, bis eine dickschaumige Masse entstanden ist.

Zum Schluß das gesiebte Mehl abwechselnd mit der Butter (Thea) vorsichtig unterziehen.

Für 6 Tortenböden auf ein befettetes und bemehltes Backblech Kreise (22 cm ∅) aufzeichnen und jeweils ⅙ des Teiges aufstreichen. Das Backblech in die Mitte des Rohres schieben.

Backtemperatur
Strom: vorheizen und backen bei 190 Grad
Gas: vorheizen und backen bei 3
Backzeit: ca. 8 Min.

Die Tortenböden sofort vom Blech lösen und auskühlen lassen.

Für die Füllung die Creme nach Vorschrift auf der Packung zubereiten und zum Schluß Schokolade und Dotter unterrühren.

Fünf Tortenböden mit ⅔ der Creme bestreichen und zusammensetzen.

Den Rand und die Oberfläche dünn mit Creme bestreichen. Die restliche Creme in einen Spritzsack füllen und 12 Spiralen auf die Torte spritzen.

Für die Glasur den Zucker schmelzen, die Butter (Thea) unterrühren und mit einem befetteten Messer auf das Deckblatt streichen. Dieses sofort mit einem befetteten Messer in 12 Stücke schneiden.

Jeweils 1 Stück an eine Cremespirale schräg gesteckt anlehnen, so daß eine fächerartige Garnierung entsteht.

Den Rand der Torte mit Schokoblättchen bestreuen.

Weiße Linzer Torte

Zutaten:
Teig:

23 dag	Butter (Thea)
5	Dotter
12 dag	Zucker
1 Pck.	**oetker** Vanillin-Zucker
½ Fl.	**oetker** Aroma Zitrone
25 dag	Mehl
10 dag	geschälte, geriebene Mandeln

Belag:

1 Stk.	runde Oblate (24 cm ∅)

Zum Bestreichen:

5–6 Eßl.	passierte Ribiselmarmelade

Zum Bestreuen:

5 dag	Mandelstifte
etwas	Staubzucker

Butter (Thea) schaumig rühren und nach und nach Dotter, Zucker, Vanillin-Zucker und Aroma dazugeben.

Zum Schluß das gesiebte Mehl und die Mandeln unterrühren.

⅔ des Teiges in eine mit Backpapier ausgelegte Springform (24 cm ∅) füllen.

Die Oblate auf den Teig legen und gleichmäßig mit Marmelade bestreichen.

Den restlichen Teig in einen Spritzsack füllen, auf die Torte spritzen und mit Mandelstiften bestreuen. Den Rost mit der Backform auf die unterste Schiene des Rohres schieben.

Backtemperatur
Strom: vorheizen und backen bei 175 Grad
Gas: vorheizen und backen bei 2
Backzeit: 55–60 Min.

Die ausgekühlte Torte mit Staubzucker bestreuen.

Esterházy-Torte

Zutaten:

Teig:

6	Eiklar
18 dag	Zucker
1 Pck.	**oetker** Vanillin-Zucker
½ Fl.	**oetker** Aroma Zitrone
3 dag	Mehl
15 dag	geriebene Mandeln oder Haselnüsse
etwas	Zimt gemahlen

Füllung:

1 Pck.	**oetker** Pudding-Pulver Vanille-Geschmack
⅜ l	Milch
15 dag	Butter (Thea)
15 dag	Zucker
1 Pck.	**oetker** Vanillin-Zucker
2 Eßl.	Maraschino

Zum Bestreichen:

2–3 Eßl.	passierte Marillenmarmelade

Glasur:

2	Eiklar
12 dag	Staubzucker
1 Eßl.	Zitronensaft
2 dag	Kakao

Das Eiklar zu steifem Schnee schlagen (Schnittprobe) und unter ständigem Schlagen Zucker, Vanillin-Zucker und Aroma dazugeben.

Danach das mit Mandeln und Zimt gemischte Mehl vorsichtig unterheben.

Aus dem Teig fünf Tortenböden backen. Dafür auf ein befettetes und bemehltes Backblech Kreise (22 cm ⌀) aufzeichnen und jeweils ⅕ des Teiges aufstreichen. Das Backblech in die Mitte des Rohres schieben.

Backtemperatur
Strom: vorheizen und backen bei 170 Grad
Gas: vorheizen und backen bei 2
Backzeit: ca. 10 Min.

Die Tortenböden sofort vom Blech lösen und auskühlen lassen.

Für die Füllung das Pudding-Pulver mit etwas Milch anrühren. Die übrige Milch erhitzen, das Pudding-Pulver einrühren und ca. 1 Min. kochen lassen.

Die Masse in eine Schüssel geben und kalt stellen. Damit sich keine Haut bildet, die Creme während des Erkaltens häufig umrühren.

Butter (Thea) schaumig rühren und nach und nach Zucker, Vanillin-Zucker und Maraschino unterrühren. Den Pudding eßlöffelweise dazugeben (3 Eßl. für den Tortenrand wegnehmen).

Die Tortenböden mit jeweils ¼ der Creme bestreichen und zu einer Torte zusammensetzen.

Den Rand der Torte mit der restlichen Creme und die Oberfläche dünn mit Marmelade bestreichen.

Für die Glasur das Eiklar mit Zucker und Zitronensaft so lange schlagen, bis eine glatte Masse entstanden ist und mit ¾ davon die Torte überziehen. Den Rest mit Kakao verrühren und in eine Papiertüte füllen.

Damit Streifen auf die Torte spritzen und mit einer Palette oder einem Messer das Muster durchziehen.

Feine Waffeltorte

Zutaten:

¼ l	Obers
25 dag	Milchschokolade
5 dag	Butter (Thea)
8 dag	Zucker
1 Pck.	**oetker** Vanillin-Zucker
15 dag	geröstete, geriebene Haselnüsse
15 dag	zerbröselte Waffeln

Glasur:

1	Becher **oetker** Tortenglasur

Zum Verzieren:

einige	Waffelblätter

Obers und die in kleine Stücke gebrochene Schokolade unter ständigem Rühren so lange erhitzen, bis die Schokolade geschmolzen ist.
Die Masse auskühlen lassen und danach mit dem Mixer aufschlagen.
Butter (Thea) schaumig rühren und nach und nach Zucker und Vanillin-Zucker dazugeben.
Die Haselnüsse in einen Topf geben und unter öfterem Schütteln anrösten (ohne Fett) und dann reiben. Butter- und Schokoladecreme verrühren und zum Schluß Haselnüsse und Waffeln hineingeben.
Die Masse in eine Bombenform (20 cm ∅) füllen und über Nacht kalt stellen.
Danach aus der Form stürzen.
Die Glasur nach der Vorschrift auf dem Becher erweichen und die Torte damit überziehen.
Aus Waffelblättern Dreiecke schneiden und die Torte damit verzieren.
Kühl aufbewahren.

Wachauer Torte

Zutaten:

Teig:

7	Dotter
14 dag	Zucker
1 Pck.	**oetker** Vanillin-Zucker
5 dag	erweichte Schokolade
7	Eiklar
14 dag	geriebene Mandeln

Creme:

12 dag	Butter (Thea)
8 dag	Staubzucker
1 Pck.	**oetker** Vanillin-Zucker
8 dag	erweichte Schokolade
1	Ei

Zum Bestreuen:

1 Pck.	**oetker** Schoko-Streusel

Zum Verzieren:

einige	Pralinen
einige	Marillenspalten

Dotter, ⅔ des Zuckers und Vanillin-Zucker schaumig schlagen und nach und nach die Schokolade dazugeben.
Das Eiklar zu steifem Schnee schlagen (Schnittprobe) und unter ständigem Schlagen den Rest des Zuckers dazugeben.
Den Schnee auf die Dottermasse geben, die Mandeln darüber streuen und alles vorsichtig unterheben.
Die Masse in eine mit Backpapier ausgelegte Springform (24 cm ∅) füllen.
Den Rost mit der Backform auf die unterste Schiene des Rohres schieben.

Backtemperatur
Strom: vorheizen und backen bei 170 Grad
Gas: vorheizen und backen bei 2
Backzeit: 40–45 Min.

Für die Creme Butter (Thea) schaumig rühren und nach und nach Zucker, Vanillin-Zucker, Schokolade und Ei dazugeben. (3 Eßl. zum Verzieren zurücklassen.)
Die gut ausgekühlte Torte einmal durchschneiden und mit ⅔ der Creme füllen.
Den Rand und die Oberfläche der Torte mit der restlichen Creme bestreichen, mit Streusel bestreuen und mit der restlichen Creme, Pralinen und Marillenspalten verzieren.

Brottorte

Zutaten:

Teig:

6	Dotter
15 dag	Zucker
1 Pck.	**oetker** Vanillin-Zucker
1	Kaffeel. Zimt gemahlen
6	Eiklar
8 dag	Schwarzbrotbrösel
4 Eßl.	Rum
4 dag	geriebene Mandeln
5 dag	geriebene Schokolade

Zum Tränken:

¼ l	Rotwein
5 dag	Zucker
1 Pck.	**oetker** Vanillin-Zucker
1	Zimtrinde
2	Gewürznelken
etwas	Zitronenschale

Zum Verzieren:

1 Pck.	**oetker** Schlagschaum
⅛ l	kalte Milch

Dotter mit ⅔ des Zuckers, Vanillin-Zucker und Zimt schaumig schlagen.

Das Eiklar zu steifem Schnee schlagen und unter ständigem Schlagen den Rest des Zuckers dazugeben. Die Brösel mit Rum verrühren.

Den Schnee auf die Dottermasse geben, darüber die Brösel, Mandeln und Schokolade streuen und alles vorsichtig unterheben.

Die Masse in eine mit Backpapier ausgelegte Springform (24 cm ⌀) füllen.

Den Rost mit der Backform auf die unterste Schiene des Rohres schieben.

Backtemperatur
Strom: vorheizen und backen bei 175 Grad
Gas: vorheizen und backen bei 2
Backzeit: 45–50 Min.

Rotwein, Zucker, Vanillin-Zucker, Zimtrinde, Gewürznelken und Zitronenschale aufkochen lassen und durchseihen.

Die ausgekühlte Torte in die gereinigte Form zurückgeben, mit einem Holzstäbchen mehrmals einstechen und mit der Flüssigkeit übergießen. Danach ca. eine Stunde durchziehen lassen.

Den Schlagschaum nach der Vorschrift auf dem Päckchen zubereiten und die Torte damit verzieren.

Heidentorte (Stmk)

Zutaten:

Teig:

6	Dotter
14 dag	Zucker
1 Pck.	**oetker** Vanillin-Zucker
5 dag	geriebene Schokolade
6	Eiklar
10 dag	Heidenmehl

Zum Bestreichen:

8 Eßl.	passierte Marillenmarmelade

Glasur:

1 Becher	**oetker** Tortenglasur

Dotter mit ⅔ des Zuckers und Vanillin-Zucker schaumig schlagen und die Schokolade unterrühren. Das Eiklar zu steifem Schnee schlagen und unter ständigem Schlagen den Rest des Zuckers dazugeben. Den Schnee auf die Dottermasse geben, darüber das Heidenmehl streuen und alles vorsichtig unterheben. Die Masse in eine mit Backpapier ausgelegte Springform (24 cm ⌀) füllen.

Den Rost mit der Backform auf die unterste Schiene des Rohres schieben.

Backtemperatur
Strom: vorheizen und backen bei 160 Grad
Gas: vorheizen und backen bei 1–2
Backzeit: 60 Min.

Die gut ausgekühlte Torte einmal durchschneiden und mit Marmelade füllen.

Den Rand und die Oberfläche der Torte mit Marmelade bestreichen.

Die Glasur nach der Vorschrift auf dem Becher erweichen und die Torte damit überziehen.

Ödenburger Bohnentorte

(Bgld)

Zutaten:

Teig:

25 dag	Wachtelbohnen
4	Dotter
20 dag	Zucker
1 Pck.	**oetker** Vanillin-Zucker
4	Eiklar
5 dag	geriebene Haselnüsse
3 dag	Semmelbrösel
1	gestr. Kaffeel.
	oetker Natron

Zum Bestreichen:

4 Eßl.	Ribiselmarmelade

Zum Bestreuen:

etwas	Staubzucker

Die Bohnen über Nacht einweichen und am nächsten Tag weichkochen. Danach passieren und auskühlen lassen. Dotter mit ⅔ des Zuckers und Vanillin-Zuckers schaumig schlagen und die passierten Bohnen unterrühren. Das Eiklar zu steifem Schnee schlagen (Schnittprobe) und unter ständigem Schlagen den Rest des Zuckers dazugeben.
Den Schnee auf die Dottermasse geben, darüber die mit Natron gemischten Nüsse und Semmelbrösel streuen und alles vorsichtig unterheben.
Die Masse in eine mit Backpapier ausgelegte Springform (24 cm ⌀) füllen.
Den Rost mit der Backform auf die unterste Schiene des Rohres schieben.

Backtemperatur
Strom: vorheizen und backen bei 180 Grad
Gas: vorheizen und backen bei 2
Backzeit: 45–50 Min.
Die gut ausgekühlte Torte einmal durchschneiden, mit Marmelade füllen und mit Staubzucker bestreuen (Schablone verwenden).

WIENER KAFFEE-UND TEEGEBÄCK

Die österreichische Kaffeehaustradition hat sie hervorgebracht: Die feinen Germ-, Mürb-, Butter- und Plunderteige.

Schon im 17. Jahrhundert finden wir Rezepte für Guglhupf, Beugel, Kipferl und Golatschen, die bis heute in ihrer ursprünglichen Form erhalten und beliebt sind.

Plunderteig

(Grundrezept)
Zutaten:
Teig:

40 dag	Mehl
1 Pck.	**oetker** Germ
etwas	Salz
5 dag	Zucker
1 Pck.	**oetker** Vanillin-Zucker
1	Ei
1	Dotter
5 dag	zerlassene Butter (Thea)
⅛ l	lauwarme Milch

Butterziegel:

20 dag	Butter (Thea)
5 dag	Mehl

Das Mehl in eine Rührschüssel sieben und mit der Germ gut vermischen. In die Mitte eine Vertiefung eindrücken, Salz, Zucker, Vanillin-Zucker, Ei, Dotter, Butter (Thea) und Milch dazugeben und mit dem Handmixer (Knethaken) so lange kneten, bis sich der Teig von der Schüssel löst.
Danach an einem warmen Ort zugedeckt ca. 30 Min. gehen lassen.
Für den Butterziegel die Butter (Thea) rasch mit dem Mehl verkneten und kalt stellen.
Den Teig zu einem Rechteck (ca. 1 cm dick) ausrollen.
Den Butterziegel in die Mitte geben und den Teig von der Schmalseite her zweimal übereinanderschlagen, so daß drei Schichten entstehen.
Mit einem Teigroller vorsichtig flachklopfen, zu einem Rechteck ausrollen und wieder dreiteilig zusammenlegen.
Danach an einem kühlen Ort ca. 30 Min. rasten lassen.
Diesen Vorgang noch zweimal wiederholen und den Teig erst dann weiterverarbeiten.

Plunderteigschnecken

Zutaten:
Teig:
Plunderteig nach Grundrezept
oder 2 Pkg. Tiefkühlplunderteig
Füllung:

15 dag	geriebene Wal- oder Haselnüsse
10 dag	Zucker
1 Pck.	**oetker** Vanillin-Zucker
10 dag	gewaschene Rosinen
⅛ l	Milch
etwas	Zimt gemahlen

zum Bestreichen:

1	versprudeltes Ei
10 dag	heiße Marillenmarmelade

Glasur:

10 dag	Staubzucker
	Saft von ½ Zitrone
1–2 Eßl.	heißes Wasser

Den Plunderteig nach Grundrezept zubereiten und zu einem Rechteck (25 × 50 cm) ausrollen. Für die Füllung Nüsse, Zucker, Vanillin-Zucker, Rosinen, Milch und Zimt gut verrühren.
Den Teig mit der Füllung bestreichen und von der längeren Seite her aufrollen.
Mit einem Messer ca. 2 cm dicke Scheiben abschneiden.
Diese auf ein mit Backpapier ausgelegtes Backblech legen und etwas flach drücken.
An einem warmen Ort zugedeckt ca. 20 Min. gehen lassen und mit Ei bestreichen.
Das Backblech in die Mitte des Rohres schieben.

Backtemperatur
Strom: vorheizen und backen bei 180 Grad
Gas: vorheizen und backen bei 2
Backzeit: 35–40 Min.

Die Schnecken noch heiß dünn mit Marmelade bestreichen.
Für die Glasur den gesiebten Staubzucker mit so viel Zitronensaft und Wasser verrühren, daß eine glatte Masse entsteht und die Schnecken damit überziehen.

Topfen- oder Powidlgolatschen

Zutaten:
Teig:
Plunderteig nach Grundrezept oder
2 Pkg.   Tiefkühlplunderteig
Füllung:
Topfenfüllung für die gesamte Teigmenge:

5 dag	Butter (Thea)
1	Dotter
8 dag	Zucker
1 Pck.	**oetker** Vanillin-Zucker
6	Tropfen
	oetker Aroma Zitrone
20 dag	Topfen
5 dag	gewaschene Rosinen

Powidlfüllung für die gesamte Teigmenge:

25 dag	Powidl

Zum Bestreichen:

1	Eiklar

Zum Bestreuen:

etwas	Staubzucker

Den Plunderteig nach Grundrezept auf Seite 80 zubereiten, ½ cm dick ausrollen und in Quadrate (10 × 10 cm) schneiden.
Für die Topfenfüllung die Zutaten der Reihe nach verrühren.
In die Mitte der Teigflecken etwas Füllung geben, die vier Ecken über die Füllung legen und mit Eiklar zusammenkleben.
Die Golatschen auf ein mit Backpapier ausgelegtes Backblech legen und nochmals zugedeckt an einem warmen Ort ca. 15 Min. gehen lassen.
Mit Eiklar bestreichen und in die Mitte des Rohres schieben.

Backtemperatur
Strom: vorheizen und backen bei 180 Grad
Gas: vorheizen und backen bei 2
Backzeit: 25–30 Min.

Ausgekühlt mit Staubzucker bestreuen.

Maultaschen

Zutaten:
Teig:
Blätterteig nach Grundrezept oder
2 Pkg.   tiefgekühlter Blätterteig
Füllung:

2 dag	Butter (Thea)
2	Dotter
5 dag	Zucker
1 Pck.	**oetker** Vanillin-Zucker
5	Tropfen
	oetker Aroma Zitrone
2	Eiklar
5 dag	geriebene Mandeln

Zum Bestreichen:

1	versprudeltes Ei

Den Blätterteig nach Grundrezept auf Seite 20 zubereiten, 3 mm dünn ausrollen und in Quadrate (10 × 10 cm) schneiden.
Für die Füllung Butter (Thea) schaumig rühren und nach und nach Dotter, Zucker, Vanillin-Zucker und Aroma dazugeben.
Das Eiklar zu steifem Schnee schlagen (Schnittprobe) und auf die Dottermasse geben. Die Mandeln darüberstreuen und vorsichtig unterheben.
In die Mitte der Teigflecken etwas Füllung geben, die vier Ecken über die Füllung legen und mit Eiklar zusammenkleben.
Das Gebäck auf ein mit Backpapier ausgelegtes Backblech legen und mit Ei bestreichen.
Das Backblech in die Mitte des Rohres schieben.

Backtemperatur
Strom: vorheizen und backen bei 190 Grad: 10 Min.
          backen bei 160 Grad: 20 Min.
Gas: vorheizen und backen bei 3: 10 Min.
          backen bei 1: 20 Min.

Statt Blätterteig kann man auch Plunderteig verwenden.

Mohn- oder Nußbeugel

Zutaten:
Teig:

30 dag	Mehl
1 Pck.	**oetker** Germ
etwas	Salz
5 dag	Zucker
1 Pck.	**oetker** Vanillin-Zucker
1	Ei
8 dag	zerlassene Butter (Thea)
ca.	
1/16 l	lauwarme Milch

Mohnfüllung für die gesamte Teigmenge:

1/8 l	Milch
10 dag	Zucker
1 Pck.	**oetker** Vanillin-Zucker
3 dag	Langnese Bienenhonig
25 dag	geriebener Mohn

Nußfüllung für die gesamte Teigmenge:

1/8 l	Milch
10 dag	Zucker
1 Pck.	**oetker** Vanillin-Zucker
2 dag	Langnese Bienenhonig
20 dag	geriebene Walnüsse

Zum Bestreichen:

1	versprudeltes Ei

Das Mehl in eine Rührschüssel sieben und mit der Germ gut vermischen. In die Mitte eine Vertiefung eindrücken, Salz, Zucker, Vanillin-Zucker, Ei, Butter (Thea) und Milch dazugeben und mit dem Handmixer (Knethaken) so lange kneten, bis sich der Teig von der Schüssel löst. Den Teig an einem warmen Ort zugedeckt ca. 30 Min. gehen lassen.

Für die Füllung Milch, Zucker, Vanillin-Zucker und Honig aufkochen, Mohn (Nüsse) dazugeben und alles gut verrühren.

Den Teig zu einer Rolle formen, ca. 2 cm breite Stücke abschneiden und diese zu Ovalen ausrollen. Die Mohn-(Nuß-)Füllung daraufgeben und zusammenrollen. An den Enden fest zusammendrücken, zu Beugel formen und mit Ei bestreichen. (Mohnbeugel: spitz gebogen, Nußbeugel: rund gebogen.)

Die Beugel auf ein mit Backpapier ausgelegtes Backblech legen.

Das Backblech in die Mitte des Rohres schieben.

Backtemperatur
Strom: vorheizen und backen bei 180 Grad
Gas: vorheizen und backen bei 2
Backzeit: 20–25 Min.

Gefüllter Lebkuchen

Zutaten:
Teig:

55 dag	Roggenmehl
1	Kaffeel. **oetker** Natron
20 dag	Zucker
1 Pck.	**oetker** Vanillin-Zucker
1 Fl.	**oetker** Aroma Zitrone
1 Pck.	Lebkuchengewürz
5 Eßl.	Rum
4	Eier
15 dag	Langnese Bienenhonig

Füllung:

25 dag	kleingeschnittene Dörrpflaumen
5 dag	kleingeschnittene Datteln
5 dag	würfelig geschnittenes Zitronat
5 dag	würfelig geschnittene Aranzini
5 dag	gewaschene Rosinen
5 Eßl.	Rum
	Saft und Schale von 1 Orange
8 dag	gehackte Haselnüsse

Zum Bestreichen:

1	versprudeltes Ei

Zum Belegen:

einige	geschälte Mandeln
einige	Haselnüsse
einige	kandierte Kirschen
etwas	Zitronat
etwas	Aranzini

Das Mehl mit Natron mischen und auf eine Arbeitsfläche sieben. In die Mitte eine Vertiefung eindrücken, Zucker, Vanillin-Zucker, Aroma, Lebkuchengewürz, Rum und Eier dazugeben und mit einem Teil des Mehls zu einem dicken Brei verarbeiten. Den Honig daraufgeben und alle Zutaten von der Mitte aus rasch zu einem glatten Teig verkneten und kalt stellen. Für die Füllung die Früchte in eine Schüssel geben, Rum, Orangensaft und Orangenschale dazugeben und unter öfterem Umrühren ziehen lassen.

Den Teig ca. $\frac{1}{2}$ cm dick ausrollen und halbieren. Eine Teigplatte auf ein gut befettetes Backblech legen.

Die Nüsse mit den Früchten vermischen und die Füllung gleichmäßig auf der Teigplatte verstreichen. Mit der zweiten Teigplatte bedecken, mit Ei bestreichen und mit den Früchten belegen.

Das Backblech in die Mitte des Rohres schieben.

Backtemperatur
Strom: vorheizen und backen bei 180 Grad
Gas: vorheizen und backen bei 2
Backzeit: 25–30 Min.

Den Lebkuchen noch warm in Stücke schneiden und ausgekühlt in Dosen aufbewahren.

Bischofsbrot (Sbg)

Zutaten:
Teig:

8 dag	Butter (Thea)
15 dag	Zucker
2 Pck.	**oetker** Vanillin-Zucker
5	Dotter
1 Fl.	**oetker** Aroma Zitrone
$\frac{1}{2}$ Fl.	**oetker** Aroma Rum
5 dag	gehackte Haselnüsse
5 dag	geschälte, gehackte Mandeln
3 dag	gehackte, kandierte Kirschen
5 dag	gewaschene Rosinen
5 dag	gehackte Aranzini
5 dag	gehacktes Zitronat
5	Eiklar
15 dag	Mehl
$\frac{1}{2}$ Pck.	**oetker** Backpulver

Butter (Thea) schaumig rühren und nach und nach $\frac{2}{3}$ des Zuckers, Vanillin-Zucker, Dotter und Aromen dazugeben und danach die Früchte unterrühren.

Das Eiklar zu steifem Schnee schlagen (Schnittprobe) und unter ständigem Schlagen den Rest des Zuckers dazugeben.

Den Schnee auf die Dottermasse geben, darüber das mit Backpulver gemischte Mehl sieben und vorsichtig unter die Masse heben.

Den Teig in eine gut befettete und mit Bröseln ausgestreute Kastenform füllen.

Den Rost mit der Backform auf die unterste Schiene des Rohres schieben.

Backtemperatur
Strom: vorheizen und backen bei 170 Grad
Gas: vorheizen und backen bei 2
Backzeit: 60–65 Min.

Martinikipferl (Bgld)

Zutaten:

Teig:

50 dag	Mehl
1 Pck.	**oetker** Germ
etwas	Salz
6 dag	Zucker
1 Pck.	**oetker** Vanillin-Zucker
½ Fl.	**oetker** Aroma Zitrone
1	Ei
1	Dotter
7 dag	zerlassene Butter (Thea)
ca.	
¼ l	lauwarme Milch

Füllung:

15 dag	feingehackte Datteln
5 dag	feingehackte, getrocknete Marillen
5 dag	feingehackte Walnüsse
5 dag	feingehackte Haselnüsse
4 dag	gewaschene Rosinen
5 dag	geriebene Mandeln
1	Kaffeel. Zimt gemahlen
2 Eßl.	Langnese Bienenhonig
5 Eßl.	Rum
	Saft von ½ Zitrone

Zum Bestreichen:

1	Eiklar

Das Mehl in eine Rührschüssel sieben und mit der Germ gut vermischen. In die Mitte eine Vertiefung eindrücken, Salz, Zucker, Vanillin-Zucker, Aroma, Ei, Dotter, Butter (Thea) und Milch hineingeben und mit dem Handmixer (Knethaken) so lange kneten, bis sich der Teig von der Schüssel löst.

Den Teig zugedeckt an einem warmen Ort ca. 30 Min. gehen lassen.

Für die Füllung die Früchte gut vermischen und Zimt, Honig, Rum und Zitronensaft unterrühren.

Den Teig ca. ½ cm dick ausrollen und Quadrate (12 × 12 cm) ausschneiden.

In die Mitte etwas Füllung geben und zu Kipferln formen. Die Ränder mit Eiklar zusammenkleben.

Die Kipferl auf ein mit Backpapier ausgelegtes Backblech legen und nochmals zugedeckt an einem warmen Ort ca. 15 Min. gehen lassen. Danach mit Eiklar bestreichen. Das Backblech in die Mitte des Rohres schieben.

Backtemperatur

Strom: vorheizen und backen bei 180 Grad

Gas: vorheizen und backen bei 2

Backzeit: 20 Min.

KUCHEN ZUM VERSUCHEN

Im Biedermeier verlagert sich der Schwerpunkt des gesellschaftlichen Lebens vom Kaffeehaus wieder zurück in die Behaglichkeit der guten Stube. Bürgerfrauen entwickelten immer neue und immer bessere Kuchen. Umfangreiche Kuchenbuffets waren die Krönung einer neuen Form des geselligen Beisammenseins: des Kaffeekränzchens.

Auch heute hat die Kaffeejause in vielen Familien nichts von ihrer Attraktivität eingebüßt. Gereicht werden Kaffee und selbstgemachte Kuchen.

Schloßbergkuchen (Stmk)

Zutaten:
Teig:

4	Dotter
12 dag	Zucker
1 Pck.	**oetker** Vanillin-Zucker
½ Fl.	**oetker** Aroma Zitrone
4	Eiklar
15 dag	Mehl
4 dag	zerlassene Butter (Thea)

Füllung:

1 Pck.	**oetker** Pudding-Pulver Vanille-Geschmack
12 dag	Zucker
½ l	kalte Milch
20 dag	Butter (Thea)

Zum Beträufeln:

4 Eßl.	Weinbrand

Zum Verzieren:

1	Becher **oetker** Tortenglasur
1 Pck.	**oetker** Decor Schokoblättchen

Dotter mit ⅔ des Zuckers, Vanillin-Zucker und Aroma schaumig schlagen. Das Eiklar zu steifem Schnee schlagen (Schnittprobe) und unter ständigem Schlagen den Rest des Zuckers dazugeben.
Den Schnee auf die Dottermasse geben, darüber das Mehl sieben und mit der Butter (Thea) vorsichtig unter die Masse heben.
Den Teig in eine gut befettete und mit Bröseln ausgestreute Halbkugelform füllen.
Den Rost mit der Backform auf die unterste Schiene des Rohres schieben.

Backtemperatur
Strom: vorheizen und backen bei 175 Grad
Gas: vorheizen und backen bei 2
Backzeit: 30 Min.

Für die Füllung das Pudding-Pulver und den Zucker mit ⅛ l von der kalten Milch anrühren.
Die übrige Milch erhitzen. In die kochende, von der Kochstelle genommene Milch langsam das angerührte Pulver einrühren und nochmals aufkochen lassen.
Damit sich keine Haut bildet, während des Erkaltens öfters umrühren.
Die Butter (Thea) schaumig rühren und den Pudding eßlöffelweise dazugeben.
(Darauf achten, daß weder Butter noch Pudding zu kalt sind, da sonst die Creme gerinnt.)
Den ausgekühlten Kuchen dreimal durchschneiden und mit Weinbrand beträufeln.
Jeweils ¼ der Creme auf den einzelnen Böden verteilen und wieder zusammensetzen.
Die Oberfläche mit der restlichen Creme bestreichen. Die Glasur nach der Vorschrift auf dem Becher erweichen, den Kuchen damit überziehen und mit Schokoblättchen bestreuen.

Leobener Schnitten (Stmk)

Zutaten:

Teig:

5	Dotter
14 dag	Zucker
1 Pck.	**oetker** Vanillin-Zucker
½ Fl.	**oetker** Aroma Rum
5	Eiklar
15 dag	geriebene Mandeln
3 dag	Semmelbrösel
3 Eßl.	Rum

Zum Beträufeln:

| 4 Eßl. | Rum |

Zum Bestreichen:

| 6 Eßl. | passierte Ribiselmarmelade |

Füllung:

¼ l	Obers
1 Pck.	**oetker** Sahnesteif
1 Pck.	**oetker** Vanillin-Zucker

Glasur:

| 10 dag | Vollmilchschokolade |
| 3 dag | Kokosfett |

Dotter mit ⅔ des Zuckers, Vanillin-Zucker und Aroma schaumig schlagen.

Das Eiklar zu steifem Schnee schlagen und unter ständigem Schlagen den Rest des Zuckers dazugeben. Den Schnee auf die Dottermasse geben, darüber die Mandeln und die mit Rum verrührten Brösel streuen und alles vorsichtig unterheben.

Den Teig auf ein mit Backpapier ausgelegtes Backblech streichen. Damit er an der offenen Seite des Bleches nicht auslaufen kann, das Papier vor dem Teig zur Falte knicken, so daß ein Rand entsteht.

Das Backblech in die Mitte des Rohres schieben.

Backtemperatur
Strom: vorheizen und backen bei 180 Grad
Gas: vorheizen und backen bei 2
Backzeit: 25–30 Min.

Das Gebäck sofort auf ein mit Zucker bestreutes Papier stürzen, das Backpapier mit kaltem Wasser bestreichen und vorsichtig abziehen.

Die Kuchenplatte mit Rum beträufeln, dünn mit Marmelade bestreichen und halbieren.

Das Obers mit Sahnesteif und Vanillin-Zucker steif schlagen, auf eine Kuchenhälfte streichen und mit der zweiten bedecken.

Für die Glasur Schokolade und Kokosfett im Wasserbad erweichen, gut verrühren und den Kuchen damit überziehen.

Sobald die Glasur getrocknet ist, das Gebäck in Schnitten schneiden.

Nußroulade

Zutaten:

Teig:

4	Dotter
10 dag	Zucker
1 Pck.	**oetker** Vanillin-Zucker
5 dag	geriebene Schokolade
4	Eiklar
10 dag	Mehl
1	Messersp. **oetker** Backpulver

Füllung:

¹⁄₁₆ l	Milch
3 dag	Butter
10 dag	Zucker
1 Pck.	**oetker** Vanillin-Zucker
1 Fl.	**oetker** Aroma Rum
20 dag	geriebene Walnüsse
¼ l	Obers
1 Pck.	**oetker** Sahnesteif
3 dag	erweichte Schokolade

Zum Beträufeln:

3 Eßl.	Weinbrand

Zum Verzieren:

3 dag	Zartbitterschokolade
1 dag	Butter

Dotter mit ⅔ des Zuckers und Vanillin-Zucker schaumig schlagen und die Schokolade dazugeben. Eiklar zu steifem Schnee schlagen (Schnittprobe) und unter ständigem Schlagen den Rest des Zuckers dazugeben.

Den Schnee auf die Dottermasse geben, darüber das mit Backpulver gemischte und gesiebte Mehl geben und vorsichtig unterheben.

Den Teig auf ein mit Backpapier ausgelegtes Backblech streichen. Damit er an der offenen Seite des Bleches nicht auslaufen kann, das Papier vor dem Teig zur Falte knicken, so daß ein Rand entsteht.

Das Backblech in die Mitte des Rohres schieben.

Backtemperatur
Strom: vorheizen und backen bei 200 Grad
Gas: vorheizen und backen bei 3
Backzeit: 8–10 Min.

Das Biskuit nach dem Backen sofort auf ein mit Zucker bestreutes Papier stürzen, das Backpapier mit kaltem Wasser bestreichen und vorsichtig abziehen.

Das Biskuit mit dem Papier aufrollen und auskühlen lassen.

Für die Füllung Milch, Butter, Zucker, Vanillin-Zucker und Aroma aufkochen, die Nüsse dazugeben, gut verrühren und auskühlen lassen.

Das Obers mit Sahnesteif steif schlagen und vorsichtig unterheben.

Die Roulade vorsichtig auseinanderrollen, mit Weinbrand beträufeln, mit der Hälfte der Nußfüllung bestreichen und wieder einrollen.

In die restliche Nußfüllung die Schokolade einrühren und die Oberfläche der Roulade damit bestreichen.

Die Schokolade im Wasserbad erweichen, die Butter dazugeben, gut verrühren und die Roulade damit verzieren.

Innviertler Karottenkuchen

Zutaten:
Teig:

4	Dotter
20 dag	Zucker
1 Pck.	**oetker** Vanillin-Zucker
½ Fl.	**oetker** Aroma Zitrone
20 dag	feingeriebene Karotten
4	Eiklar
20 dag	geriebene Mandeln
3 dag	Mehl

Zum Bestreichen:
4–5 Eßl.   passierte Ribiselmarmelade

Zum Bestreuen:
½ Pck.   **oetker** Decor Schokoblättchen

Glasur:

20 dag	Staubzucker
2 Eßl.	Rum
1–2 Eßl.	heißes Wasser

Dotter mit ⅔ des Zuckers, Vanillin-Zucker und Aroma schaumig schlagen und die Karotten unterrühren.

Das Eiklar zu steifem Schnee schlagen (Schnittprobe) und unter ständigem Schlagen den Rest des Zuckers dazugeben.

Den Schnee auf die Dottermasse geben, darüber die Mandeln und das gesiebte Mehl streuen und alles vorsichtig unterheben.

Den Teig in eine gut befettete und mit Bröseln ausgestreute Kastenform füllen.

Den Rost mit der Backform auf die unterste Schiene des Rohres schieben.

Backtemperatur
Strom: vorheizen und backen bei 170 Grad
Gas: vorheizen und backen bei 2
Backzeit: 55–60 Min.

Den Kuchen noch warm dünn mit Marmelade bestreichen und mit Schokoblättchen bestreuen.

Für die Glasur den gesiebten Staubzucker mit so viel Rum und Wasser verrühren, daß eine glatte Masse entsteht und den Kuchen damit überziehen.

Wiener Schoko-Nuß-Kranz

Zutaten:
Teig:

10 dag	Butter (Thea)
5	Dotter
13 dag	Zucker
1 Pck.	**oetker** Vanillin-Zucker
½ Fl.	**oetker** Aroma Rum
5	Eiklar
12 dag	Mehl
1 Pck.	**oetker** Backpulver
6 dag	geriebene Schokolade
6 dag	geriebene Haselnüsse

Zum Beträufeln:
3 Eßl.   Marillenbrandy

Zum Bestreichen:
5–6 Eßl.   passierte Marillenmarmelade

Glasur:
1 Becher   **oetker** Tortenglasur

Butter (Thea) schaumig rühren und nach und nach Dotter, ⅔ des Zuckers, Vanillin-Zucker und Aroma dazugeben. Eiklar zu steifem Schnee schlagen (Schnittprobe) und unter ständigem Schlagen den Rest des Zuckers dazugeben.

Den Schnee auf die Dottermasse geben, darüber das mit Backpulver gemischte und gesiebte Mehl, Schokolade und Nüsse geben und alles vorsichtig unterheben.

Den Teig in eine gut befettete und mit Bröseln ausgestreute Kranzform füllen.

Den Rost mit der Backform auf die unterste Schiene des Rohres schieben.

Backtemperatur
Strom: vorheizen und backen bei 175 Grad
Gas: vorheizen und backen bei 2
Backzeit: 50–55 Min.

Den Kuchen noch heiß mit Marillenbrandy beträufeln und dünn mit Marmelade bestreichen.

Die Tortenglasur nach der Vorschrift auf dem Becher erweichen und den Kuchen damit überziehen.

Besoffener Kapuziner (OÖ)

Zutaten:

Teig:

4	Dotter
10 dag	Zucker
1 Pck.	**oetker** Vanillin-Zucker
1	gestr. Kaffeel. Zimt gemahlen
4	Eiklar
4 dag	Mehl
4 dag	geriebene Schokolade
4 dag	geriebene Haselnüsse

Zum Tränken:

³/₈ l	Rotwein
10 dag	Zucker
1 Pck.	**oetker** Vanillin-Zucker
1	Zimtrinde
2	Gewürznelken
	Zitronenschale

Zum Verzieren:

¹/₈ l	Obers
1 Pck.	**oetker** Sahnesteif
1 Pck.	**oetker** Vanillin-Zucker

Dotter, ²/₃ des Zuckers, Vanillin-Zucker und Zimt schaumig rühren. Das Eiklar zu steifem Schnee schlagen (Schnittprobe) und unter ständigem Schlagen den Rest des Zuckers dazugeben.
Den Schnee auf die Dottermasse geben. Darüber das mit Schokolade und Nüssen gemischte und gesiebte Mehl geben und alles vorsichtig unterheben.
Den Teig in eine gut befettete und mit Bröseln ausgestreute Guglhupfform geben.
Den Rost mit der Backform auf die unterste Schiene des Rohres schieben.

Backtemperatur
Strom: vorheizen und backen bei 170 Grad
Gas: vorheizen und backen bei 2
Backzeit: 35–40 Min.

Rotwein, Zucker, Vanillin-Zucker, Zimtrinde, Nelken und Zitronenschale aufkochen lassen und durchseihen. Das ausgekühlte Biskuit in die gereinigte Form zurückgeben, mit einem Holzstäbchen mehrmals einstechen und mit der Flüssigkeit übergießen.
Ein bis zwei Stunden durchziehen lassen. Obers mit Sahnesteif und Vanillin-Zucker steif schlagen und das Biskuit damit verzieren.

Linzer Schnitten (OÖ)

Zutaten:

Teig:

30 dag	Mehl
18 dag	Staubzucker
1 Pck.	**oetker** Vanillin-Zucker
1	Kaffeel. Zimt gemahlen
3	Dotter
20 dag	geriebene Mandeln
25 dag	Butter (Thea)

Zum Belegen:

2	Oblaten

Zum Bestreichen:

7 Eßl.	Ribiselmarmelade

Das Mehl auf eine Arbeitsfläche sieben. In die Mitte eine Vertiefung eindrücken und Zucker, Vanillin-Zucker, Zimt und Dotter hineingeben und mit einem Teil des Mehls zu einem dicken Brei verarbeiten.
Darauf die Mandeln und die in kleine Stücke geschnittene kalte Butter (Thea) geben und alle Zutaten rasch zu einem glatten Teig verkneten.
Den Teig eine Stunde kalt stellen.
²/₃ des Teiges auf einem befetteten Backblech ca. 2 cm dick ausrollen.
Mit Oblaten belegen und mit Marmelade bestreichen.
Den restlichen Teig ca. ¹/₂ cm dick ausrollen, mit einem Teigrad Streifen ausradeln und gitterförmig darauflegen.
Mit Eiklar bestreichen und in die Mitte des Rohres schieben.

Backtemperatur
Strom: vorheizen und backen bei 175 Grad
Gas: vorheizen und backen bei 2
Backzeit: 35–40 Min.

Apfelkuchen (Bgld)

Zutaten:
Teig:

50 dag	Mehl
1 Pck.	**oetker** Germ
etwas	Salz
5 dag	Zucker
1 Pck.	**oetker** Vanillin-Zucker
½ Fl.	**oetker** Aroma Zitrone
2	Dotter
6 dag ca.	zerlassene Butter (Thea)
¼ l	lauwarme Milch

Belag:

10 dag	Grobkristallzucker
2	Kaffeel. Zimt gemahlen
etwas	Nelkenpulver
10 dag	geriebene Walnüsse
8 dag	gewaschene Rosinen
1 kg	Äpfel
	Saft von 1 Zitrone

Zum Bestreichen:

4–5 Eßl.	heiße Marillenmarmelade

Das Mehl in eine Rührschüssel sieben und mit der Germ gut vermischen. In die Mitte eine Vertiefung eindrücken, Salz, Zucker, Vanillin-Zucker, Aroma, Dotter, Butter (Thea) und Milch hineingeben und mit dem Handmixer (Knethaken) so lange kneten, bis sich der Teig von der Schüssel löst.
Den Teig zugedeckt an einem warmen Ort ca. 30 Min. gehen lassen. Danach auf einer bemehlten Arbeitsfläche zu einem Rechteck (in der Größe des Backbleches) ausrollen und auf das gut befettete Backblech legen.
Zucker, Zimt, Nelkenpulver, Nüsse und Rosinen gut vermischen und gleichmäßig darauf verteilen.
Die Äpfel schälen, entkernen und in dünne Spalten schneiden. Mit Zitronensaft beträufeln und den Kuchen damit belegen.
Den Teig nochmals zugedeckt an einem warmen Ort ca. 15 Min. gehen lassen.
Das Backblech in die Mitte des Rohres schieben.
Backtemperatur
Strom: vorheizen und backen bei 170 Grad
Gas: vorheizen und backen bei 2
Backzeit: 35–40 Min.
In Stücke schneiden und mit Marillenmarmelade bestreichen.

Apfelschlangel (OÖ)

Zutaten:
Teig:

20 dag	Mehl
etwas	Salz
6 dag	Zucker
1 Pck.	**oetker** Vanillin-Zucker
1	Dotter
5	Tropfen **oetker** Aroma Zitrone
20 dag	Topfen
15 dag	Butter (Thea)

Füllung:

50 dag	Äpfel
3 Eßl.	Wasser
	Saft von ½ Zitrone
1 dag	Butter (Thea)
5 dag	Zucker
1 Pck.	**oetker** Vanillin-Zucker
1	gestr. Kaffeel. Zimt gemahlen

Zum Bestreichen:

1	Eiklar

Das Mehl auf eine Arbeitsfläche sieben. In die Mitte eine Vertiefung eindrücken, Salz, Zucker, Vanillin-Zucker, Dotter, Aroma und Topfen dazugeben und mit einem Teil des Mehls zu einem dicken Brei verarbeiten. Darauf die in kleine Stücke geschnittene kalte Butter (Thea) geben und von der Mitte aus alle Zutaten rasch zu cincm glatten Teig verkneten. Den Teig ca. 30 Min. kalt stellen.
Für die Füllung die Äpfel schälen und das Kerngehäuse ausstechen. Danach die Äpfel feinblättrig schneiden, mit den übrigen Zutaten in eine Kasserolle geben und weichdünsten.
Den Teig ca. 3 mm dünn ausrollen. Die ausgekühlten Äpfel auf einer Hälfte verteilen und die andere darüberklappen. Die Ränder mit Eiklar bestreichen und fest zusammendrücken.
An der Oberfläche einige Male einstechen, mit Eiklar bestreichen und auf ein mit Backpapier ausgelegtes Backblech legen.
Das Backblech in die Mitte des Rohres schieben.
Backtemperatur
Strom: vorheizen und backen bei 175 Grad
Gas: vorheizen und backen bei 2
Backzeit: 25–30 Min.

Herzreinkele (Ktn)

Zutaten:
Teig:

30 dag	Mehl
1 Pck.	**oetker** Germ
1	gestr. Kaffeel. Salz
5 dag	Zucker
1 Pck.	**oetker** Vanillin-Zucker
$\frac{1}{2}$ Fl.	**oetker** Aroma Zitrone
2	Eier
6 dag ca.	zerlassene Butter (Thea)
$\frac{1}{8}$ l	lauwarme Milch

Füllung:

10 dag	grober Kristallzucker
4	gestr. Kaffeel. Zimt gemahlen
10 dag	gewaschene, getrocknete Rosinen

Zum Bestreichen:

1	versprudeltes Ei

Das Mehl in eine Rührschüssel sieben und mit der Germ gut vermischen. In die Mitte eine Vertiefung eindrücken, Salz, Zucker, Vanillin-Zucker, Aroma, Eier und Butter (Thea) hineingeben und von der Mitte aus alle Zutaten mit einem Handmixer (Knethaken) verrühren.

Dabei die Milch nach und nach hinzufügen und so lange kneten, bis sich der Teig von der Schüssel löst.

Den Teig zugedeckt an einem warmen Ort ca. 30 Min. gehen lassen.

Zum Verzieren etwas Teig wegnehmen und den Rest ca. $\frac{1}{2}$ cm dick ausrollen. Zucker, Zimt und Rosinen darauf gleichmäßig verteilen und die Teigplatten von der längeren Seite her aufrollen.

Die Teigrolle in eine gut befettete Herzform legen.

Aus dem zurückgelassenen Teig Blumen formen und darauflegen.

Danach nochmals zugedeckt an einem warmen Ort ca. 30 Min. gehen lassen.

Mit Ei bestreichen und an der Oberfläche einige Male einstechen.

Den Rost mit der Backform auf die unterste Schiene des Rohres schieben.

Backtemperatur
Strom: vorheizen und backen bei 175 Grad
Gas: vorheizen und backen bei 2
Backzeit: 30–35 Min.

oetker Backpulver

Diese beliebte und bewährte Backhilfe wird schon seit Generationen von österreichischen Hausfrauen gerne verwendet. Jetzt finden Sie auf den Päckchen 40 neue Rezepte. Zum Ausprobieren und Aufheben.

oetker Germ

oetker Trockengerm wird ganz einfach mit gesiebtem Mehl vermischt und in die Zutaten eingerührt. Fertig. So einfach ist das.

oetker Germ ist luftdicht versiegelt und 18 Monate haltbar.

oetker Vanillin-Zucker

oetker Vanillin-Zucker verleiht Torten, Kuchen, Keksen und Desserts ein feines Aroma. 40 neue Rezepte auf den Päckchen geben Ihnen viele Anregungen, wie Sie Ihre Nachspeisen verfeinern können.

oetker Vanille Zucker aus echter Bourbon-Vanille

Der Extrakt der echten Bourbon-Vanille verleiht diesem Vanille Zucker sein unnachahmliches, natürliches Aroma. **oetker** Vanille Zucker mit echter Bourbon-Vanille macht Feines noch feiner.

oetker Aromen

oetker Aromen sind einfach zu dosieren und können lange gelagert werden. Sie sind in den Geschmacksrichtungen Rum, Zitrone und Bittermandel erhältlich.

oetker Schlagschaum

oetker Schlagschaum kann wie Schlagobers verwendet werden. Schlagschaum ist leicht, kalorienarm und eignet sich sehr gut zum Verzieren von Torten und Kuchen.

oetker Sahnesteif

oetker Sahnesteif hält Schlagobers mehrere Stunden steif. Schlagobersverzierungen behalten lange ihre Form.

oetker Vanille Soße

oetker Vanille Soße ist einfach und sicher in der Zubereitung (es ist kein Anbrennen mehr möglich) und sie hat einen vollen abgerundeten Geschmack.

oetker Gelatine gemahlen

Gelatine ist die natürliche Basis für schnittfeste Cremen und köstliche Desserts. Mit **oetker** Gelatine gibt es kein Einweichen mehr und keine Klümpchen in der fertigen Creme.

oetker Tortencreme

oetker Tortencreme ist die ideale Basis für leichte, flaumige Torten- und Mehlspeisfüllungen. Ihren persönlichen Ideen sind keine Grenzen gesetzt.

oetker Tortengelee

Mit **oetker** Tortengelee klar und rot zaubern Sie problemlos eine dünne Schicht Gelee über saftige Obsttorten.

oetker Tortenglasur

Erst die Glasur macht die Torte perfekt.

oetker Decor Streusel

Zum Dekorieren, Verzieren und Verschönern von Torten, Kuchen, Süßspeisen und Eis. In drei Sorten erhältlich: Schoko-Streusel, Bunte Streusel, Schoko-Blättchen.

oetker Decor

oetker Decor besteht aus zarter Zuckermasse. Torten, Kuchen und Desserts werden im Handumdrehen wahre Meisterstücke. **oetker** Decor gibt es in den verschiedensten Formen und Variationen: Kerzen und Kerzenhalter, verspielte Figuren und hauchzarte Blumen.

R E Z E P T - R E G I S T E R